AF486759

Introducing PuzzleWhiz: Your Weekly Brain Boost!

Are you ready to supercharge your brain, sharpen your mind, and have a blast doing it? Welcome to **PuzzleWhiz**, your ultimate companion for weekly mental challenges that are as fun as they are brain-boosting! Designed to keep your mind sharp and entertained, PuzzleWhiz is the perfect way to unwind while giving your cognitive skills a serious workout.

Why Choose PuzzleWhiz?

- **Fresh Challenges Every Week:** Each issue of PuzzleWhiz Word Search is packed with a new set of thrilling puzzles, No two weeks are the same, keeping you on your toes with fresh challenges designed to engage and excite.

- **Scientifically Proven Brain Benefits:** Did you know that solving puzzles regularly can improve memory, enhance problem-solving skills, and even boost IQ? PuzzleWhiz offers a fun and engaging way to keep your brain active, with puzzles that are scientifically proven to benefit mental health.

- **Perfect for All Ages:** Whether you're 8 or 80, PuzzleWhiz is designed to challenge and delight every puzzle enthusiast. It's the perfect way to spend quality time with family or enjoy some well-deserved "me time."

- **Stay Ahead with Monthly and Yearly Subscriptions:** Don't miss a single issue! Subscribe monthly and get 4 exciting issues delivered straight to your door—or go all-in with our **Yearly Bundle** of 52 issues, including a special edition that you can't find anywhere else!

- **Exclusive Special Editions:** Our annual subscribers receive a **Special Edition** packed with bonus puzzles, expert tips, and exclusive content that takes your puzzle-solving skills to the next level. This edition alone is worth the price of admission!

Your Subscription Options:

1. **Weekly Thrills:** Grab your PuzzleWhiz every week and enjoy fresh, exciting puzzles that will keep your brain buzzing.

2. **Monthly Bundle of 4:** Save more and stay ahead of the game! Get a bundle of 4 issues delivered each month, ensuring you never miss a week of mental fun.

3. **Yearly Subscription with Special Edition:** The ultimate package for puzzle enthusiasts! Get 52 weeks of PuzzleWhiz plus a collectible special edition that celebrates the very best of brain challenges with exclusive puzzles, brain-boosting tips, and more.

Don't Just Play—Train Your Brain with PuzzleWhiz!

With PuzzleWhiz, every week is a new opportunity to challenge your mind, improve your cognitive skills, and have a blast doing it. Our puzzles aren't just games—they're brain workouts designed to keep you sharp, focused, and ready for anything life throws your way.

Why PuzzleWhiz and What does it offer?

PuzzleWhiz isn't just another puzzle book—it's your gateway to a world of endless mental challenges, creativity, and fun. Whether you're a seasoned puzzle solver or just looking for a way to keep your mind sharp, PuzzleWhiz is crafted to be the perfect companion for everyone.

Here's why PuzzleWhiz is the best choice. Puzzles are more than just a pastime; they are powerful tools that challenge and stimulate the human mind. From word games to number challenges, puzzles engage cognitive functions, enhance problem-solving skills, and boost mental agility. Research shows that engaging in puzzles can improve brain function, memory, and even delay cognitive decline, making them invaluable for people of all ages. Below, we explore a variety of puzzles and their specific benefits to the human mind and life.

Word Search

A word search is a puzzle that requires players to find hidden words in a grid of letters. Words can appear horizontally, vertically, or diagonally.

Word searches are simple, yet addictive. There's nothing quite like the thrill of spotting a tricky word hidden in plain sight! From quick 5-minute puzzles to deeper, more challenging hunts, this book will take you on a journey through themed words you'll love. Grab your favorite pen or pencil—let's get started!

Importance: Word searches improve pattern recognition, vocabulary, and spelling skills. They also enhance visual scanning and focus, which are critical skills in everyday tasks. Studies have shown that word search puzzles activate the brain's language and memory areas, contributing to cognitive resilience (Smith, 2020).

Tips to Tackle Word Search Puzzles Like a Pro

Here are some tried-and-true tips to help you master these puzzles:

1. **Give the Grid a Quick Look:** Skim the puzzle first to see if any words jump out right away. It's a good way to get the momentum going.

2. **Start with Unique Letters:** Words with unusual letters—like X, Z, or Q—are easier to spot. Zero in on those first.

3. **Think in All Directions:** Words can run vertically, horizontally, diagonally, or even backward. Stay flexible!

4. **Mark as You Go:** Cross out words once you find them—it keeps things neat and avoids confusion.

5. **Use the Word List for Hints:** If you're stuck, go back to the word list to break it down. Look for starting letters or clusters.

6. **Take Breaks if Needed:** Don't get frustrated, sometimes stepping away and coming back with fresh eyes makes all the difference.

7. **Watch for Overlaps:** Keep an eye out, some puzzles are sneaky with words sharing letters!

Why Word Search Puzzles Are Amazing for You

Solving word searches isn't just fun, it's actually great for your brain and well-being!

- **Builds a Better Vocabulary:** You'll learn new words and strengthen your spelling without even realizing it.

- **Improves Focus and Attention:** Word searches train your brain to focus, ignore distractions, and stay on task.

- **Strengthens Pattern Recognition:** Spotting patterns in puzzles carries over to real-life problem-solving skills.

- **Relieves Stress:** There's something incredibly relaxing about getting lost in a good puzzle—it's like meditation!

- **Keeps Your Brain Sharp:** Word searches keep your mind active and may help prevent memory loss over time.

- **Encourages Quick Thinking:** The more puzzles you do, the faster your brain gets at finding solutions.

- **Brings People Together:** Whether you're competing or collaborating, solving puzzles with others makes for great bonding moments.

This book isn't just about finding words—it's about finding joy, challenge, and a sense of accomplishment. Each puzzle offers a mini-adventure, and with every word you find, you're training your brain to think sharper and faster. So what are you waiting for? Dive in, enjoy the hunt, and watch those words come alive!

Happy puzzling!

Subscribe today and become part of the PuzzleWhiz community! Weekly excitement, monthly bundles, and yearly specials await. Don't miss out—your brain will thank you!

References
- Smith, A. (2020). The Impact of Word Search Puzzles on Cognitive Function. *Memory and Language Journal*

SUBSCRIBE

PUZZLEWHIZ

Name:

____

Address:

____

____

Postcode: __________   Phone: ________________

Email: _________________

Subscription

Weekly ☐   Monthly ☐   Yearly ☐

Please fill the form and send it by email to:
PuzzleWhizPub@gmail.com

Payment Information will be sent to your email and phone.

Puzzle # 1

```
D T J E L J Z M E H E P E B Y D A K R A B E F
T W E G E C O T Q T S Q S M J H O G Q B H J H
J R C Z N P A L H N Y E R U J D C U P G Z K G
P P I C A V I G V I U R E R F E Q U U N Z C I
R T S M E C I F C J O U K R D T J W O J W S X
O D P L M A W K H M E I A Y O A U F V L A Y G
D W E E R E R U E G L V E O W I E X A T S I I
U E L T M K D V C T C A N X C L N Y I S Z V D
C I S A N Q N U K Z R B S D K B O N S E S M N
E L V A T D H U A E E Y V G P K Y H C S I O M
A K L A R U T L U C D O D E J J R I U I O R F
T L H L S R N I E N P B G R C Z T A B O A B A
F N M J O Y S C I T U Y N O A E E E P N P I D
B B L P O J W W T F O S I L O M O T O M P D M
R P A R A M O U N T N B L P Z F F M Z J O X W
X V F A C E P A I N T K I X P M Q R N N R I D
P M Z A G O T H I C N N A E R K A O L C D T X
A S L Q D N P L B U Q R W H D Q W B S F Z C U
```

CLOAK	EXPLORE	PRODUCE
ELEVATE	WAILING	WINDY
SOFT	CHECK	VAPOR
PARK	TRIMMED	SATINY
MORBID	FACE-PAINT	SLOUCHY
PARAMOUNT	GOTHIC	CULTURAL
MOTO	DETAIL	NOISES
POETIC	STRAIGHT	SNEAKERS

Puzzle # 2

```
I J M E V I T A E R C M F F Z S D R O F X O L
S K E Y X S D V N D Y B P O N Y F V K Q B M Y
Y T T V F J B E Q H J M Q B F N I G X S O F F
B B A N W A X E D E S U G A R U W O H K N U I
Z U M K E D S I C R W V O P Z M I K W P D Y M
I Y G T W I S U N D E A D C O F F I N R U A B
M P F P I X D P D Q H T S E A S O N C E F L N
P P Q N I F N E K E H N D L U I K S B B P R R
E I R S X S P O R R A N E L E G A N T M B E N
C Y Y B U C K L E G N E E W O L L A H E L T J
C L E C P H Q C B F N X I T K Q E J W V I N R
A M A X E D H O T R Y I G D K X W W S O M I V
B H O T Z I V A C I Y R E V A R B Y W N V S K
L C E Z T R L T Y G O U T I N G M Y U K F P Q
E U R L S I K I Y H L X S F A P G O J Q K A F
S Q C K P W C R D T N E M E L P M O C Z P E X
Z B L N X P E E N H X G L E N Y C N K M S C P
W N U F M Y A O J U A L J G Z T D O B J J W S
```

FRIGHT	NOVEMBER	APPLE
CREATIVE	UNDEAD	SUGAR
OUTING	INTERLAY	COFFIN
BOND	LATTICE	COMPLEMENT
HALLOWEEN	CEILIDH	ELEGANT
COAT	SEASON	BRAVERY
BUCKLE	IMPECCABLE	INGREDIENT
SPORRAN	WAXED	OXFORDS

Puzzle # 3

```
E P A F S Z X M E T F G N P B R L M H G A Y N
H Q D C G Z V G Z R I J K V L J E S O S E E J
E G F E H F O M O I V N F V R X H B V S I I B
K P U M T S Q S X Q E Z K S Q N Q T M L A X U
W A C O Z Y T O U C H X Q D C D A T A A S I C
R S T H T Y K U Z P B T U D E R O L I A T B C
O T M J Y Z A N L N A N I H H B N Y Y S C H S
B O U L A S S I E A E A L H C R B H I R R B P
W R N W F P K R O Y D N L T T K Y I V W J R O
P A A L O T C I L E R E D R I F D S R B I M R
Y L P O U A W W F A G V I A T Y R X R V X V T
J A K O O R J G Y R N E C E S H X L N I V F C
J H D P R Q R B T Y J R S H M X S T X F N K O
U S M N Q T D R W L J J U X D V U Q V S I N A
I E R Y I Q R I R T E C O M P L E M E N T A T
Z U E B J F B A T Q J B P G P S H I G A F W R
H H S I N A V W I A P R F F C T V H M Y W J O
P V U T B A M D B T Y P X J P U L L O V E R R
```

VANISH	ALIEN	QUILL
RIBBED-KNIT	REVENANT	HOME
PASTORAL	TOUGH	MOSAIC
AMBER	BELT	TAILORED
PORTRAIT	HEARTH	STITCH
COMPLEMENT	SPOOK	FROSTY
FIND	SPORTCOAT	DERELICT
LASSIE	PULLOVER	COZY-TOUCH

Puzzle # 4

```
P C U B F T C T P K D V Q E W N H U R W X T Q
E L D P U H J X O T Q I M V T B E D I W S F F
R W D G N U A L R X L B T A D V Y V C G I C H
T Z P A N L R R L L O N T R W I A R R T L A M
N X U H E C C U T S E Q Z I Q N S T A N O U F
E D K B L H L X S T I D A E U T T Y F E P L O
A K R N N Y A E N E E R G T U A N K T R O D E
K N J R E T D O D N A J Q I K G E L S R R R S
X L G I C I C U T F P E W E T E T I T U C Y M
O C A C K J B C S D A Q I S Y P A S U C E R U
T I R T E Y X Z N E N Q N C Q P P D J F N D H
P O F E T T P E U L F B D D Y G W E E K E N D
P U T H E I R P G I O O Y M O E R U T X E T H
S F G D K P R X N C F S E N J O Y M E N T X X
J I A P X E Y E P A C C V Y S Y V I I X O U R
R S I W Z N M T I T D L O C O X F J S L L H B
R J Y J M M T M H E H B S I N I S T E R O P R
X G G Q A D P K S W C O U T U R E U N X T J G
```

CAULDRY	GREEN	DELICATE
VARIETIES	CREEPY	ATTIRE
VINTAGE	CURRENT	SINISTER
CRAFTS	PATENT	COUTURE
NECROPOLIS	ENJOYMENT	SNUG
SILKY	CONTENT	WEEKEND
TEXTURE	EMBOSSED	WINDY
FUNNELNECK	WIDE	COLD

Puzzle # 5

```
J X B W X L S H F W D C H I L L Y M M F E S T
Z G I D L W U N I A R B K M D M H O X R C P Y
O A D S T A P L E B Y D A M T T M R N U Y L E
H A C E N R D A O Q K K G U P E N T Y J A P U
P A S G H C J E G O E H G M W G W U P N J F T
F C U K D D Y O K U X P W H O A J A Q O J E N
S X G N E X Y S P A H F P T V T H R E O Q H E
F H W Z T M Q S R E W A J N E N M Y W X X T M
W I E S G I O E I E R R C V N I Y H T R A E Y
E J U C T L N B G A D M I R K V R B G C I N O
K L F D S K R G S A C U R S E L V K Y A A Z J
R H Y T J V H J U O T Q R E B M E V O N M G N
W T I T P B E M I R R C A V A N T G A R D E E
L C D W S V L T T T L Z K R U R Y Q H A C J A
E C H G Y T P O C E X T N A N E V E R Y Z H R
C Z Y E H M P W O R E E Y V K K P P C R V Y W
Q G A J J W A N A K I N U T M E G X U M S T P
V T U I U D Y F T B G X M A R S H M A L L O W
```

CURSE	MARSHMALLOW	ENJOYMENT
STYLE	REVENANT	STAPLE
BRAIN	RETRO	MORTUARY
SOLSTICE	HAUNTING	WOVEN
NOVEMBER	FARM	FAUX
EARTHY	NUTMEG	APPLE
VINTAGE	AVANT-GARDE	CHILLY
MAKEUP	RAW	SUIT-COAT

Puzzle # 6

```
V I E L F D A K S A V Y O U L Z L V G D O J R
Q A U J X M C N D S S G B Z C M A E G X G W S
R L H T U Y R I W E N Z A C X V R C F Y N Y X
F F I J L E C H N I Q N D X I S H O U Z I L H
K V E E T Z N M K A O Y N K W L R G X F T X P
I A M T P C B R F I P D E G V D O V W U S M K
B I A O P L U Z T X E S R S S N Z B N D A U I
I P L Y V L I A C D M X F K A O R R M S O R X
F A O E V E N T U Z H E O D I S P L A Y T D C
L K U L G I Z O M F B J N M R P H L S O S N N
T K X A D A R Z X T H Z M R Y A F O Y R I U A
N A X R V H M K P H A N T A S M W E Y U F N D
F A O M S I Y P B G X H C K L X R H Z D Z O A
O O J U M P D I F I N I S H E D I E T R N C I
C P T T K Q X X M W B U T N G R O F R O C X T
H R G A A P P A R I T I O N P C D T I C F W N
K Q V N W L O O H C S D L O V S R Y M T E E L
I Z V T F J Q D D T I M M C I G O L F P A V C
```

APPARITION	OFRENDA	LOGIC
COORDINATION	PHANTASM	TOASTING
CONUNDRUM	PATTERNS	PANIC
SYMBOLIC	SHROUDED	OLD-SCHOOL
LURKING	SOW	HEFTY
TIMELY	MUTANT	DISPLAY
FINISHED	CORDUROY	JUMP
EVENT	TRIM	OXFORDS

```
Z S E R R H K B K C G F Y K Y U O X J X M M L
H R T W E A F L A C D D M E C R Y E P H U O X
P E T T N F W A H P T Z I R E E O S E I E D K
C D E O P R I M I T I V E S O T N O T H G I N
D L U S Z B T N E F G H I X P F F E M D B S P
Q E O D X Y E V E W A L T B D L T S L Y D H A
B T H W T Y O T V D P H W D R B A A X T N Z H
Q S L K J L P X O B G A A K F A G Y L G R N I
A T I N K D E B B I R S A W A S N L K P O U Y
L O S L I M T N E C A S L E O K S T T I O D T
E N B R V J S W N P B E N C O O L T O N E D C
M B B S M H Y V F E L M X G L O W G L U D O Y
A K U C C V S C P H S B I X E S N R U B L U P
R F F Y A U T K F L B L Y Y Y X S F N I K I H N
A R S E D X R Y Y L W Y Z X V I S O C B W W Q
C Z H F Z N B E E T A C I R T N I P D X O L V
F Z X N O S T A L G I C C Z H B F M Q R S G H
N W L H P S G J U Q P N C L U Q D A B Z M D F
```

GLOW	ELDERS	RIBBED-KNIT
BROWN	LOVE	BURNS
COOL-TONED	REFINED	PRIMITIVE
DISPLAY	HEAVYWEIGHT	SILHOUETTE
WILD	OBSCURE	PLATFORM
ASSEMBLY	VIBRANT	TURTLENECK
MODISH	CARAMEL	NIGHT
INTRICATE	NOSTALGIC	ROOMY

Puzzle # 8

X B V V B R J P K X L T X L Q P H N F T F L K
J T N E I C I F F E H A O W W G O J O Q F S U
E H Z J L U R O A E F R N U E A D G B V I N U
G O T H I C E S G R V N T U H Z E E K M N U G
U F Y T D R R G E V T N R L M T F D Q A E T R
D N E G E L A W R U D N N D H M X N N R S M L
P E U B C M L D A G H Y L E L W O L S S S W M
V Z T U I H F P B G P K R D N H I C C H E H G
S R I C S K G R F Q Q N Y B O H O B A M N F H
S E X K S G Z Q T N E M E L P M O C L A S N J
Q P Y L A H W A M S R N D W Z F F T E L D L E
E G A E L E D I S V F B A I S Y I Y C L P B I
Q O E R C I N A T U R A L L Y V N S R O M Z C
V E D Z A L X R P L F C E Y B A E M O W B R U
K N F N E K D W G L P N I O N B R K M P U O F L
A L L Y F J E E C B E J K I I G N K P P V G U
W D Z O G A P Z U H P R T H W V I O E X Z C L
U B N Q N S W L H M V D B M K H T O D R Y M G

GOTHIC	GRAVY	CLASSIC
BUCKLE	VINE	TOGETHERNESS
FINE-KNIT	EFFICIENT	CROP
BARE	CROPPED	COMPLEMENT
SPELL	MARSHMALLOW	FLARE
NATURALLY	LEGEND	PARADE
BOHO	FINESSE	SCALE
COMMUNAL	HUES	DAPPER

Puzzle # 9

```
Z K A R D I M C F M L K G Y A E G G P D C Y O
D T Q G D I A I E R H C L U P E S W Z M V U M
J L B G R I N N I N G W W E R E W O L F T N N
E U V E R S A T I L E L A C I T C A R P N C J
J A C Z K T V N K D I G N I T Y O C A H U L H
L F I I E A W W A X E D C X R U Q M L X O U T
L E Y R O T S I H M Q D K T T E K T T T M T O
W D P T X Y L Q X X A L Q W E R E M A N A T O
E V P A F H C E J Y V K E A T Z W H R S R E T
Y P Y A C E D A K D H A D D M N G E S X A R S
E S V T T A D Z G P R D K C N M S F V B P E D
B P T E Y E P S S E C I O J E R O G I G Y D N
A R D A M Z I C H E L N C B E K A R Q A N Q U
Z H O N L B Z X L B T I B L C R E E P Y O Y O
B G T L D K E N R R W Y X Z Y N K K B S M A H
K O N Y W E E N A I W F S Q S N Y V O S R Z W
D J U B J P P S N N A Z P H C T E B A J A O I
W H Y R E V T Q F H G K P O W I T D H F H T X
```

WEREWOLF	RAKE	DIGNITY
HARMONY	CREEPY	ALTAR
VERSATILE	UNCLUTTERED	STALK
GRINNING	SHEER	OUTWEAR
DECAY	ETCH	ZIP
HOUNDSTOOTH	SEPULCHRE	REJOICE
PRACTICAL	DEFAULT	HISTORY
LEGACY	CONTRAST	PARAMOUNT

Puzzle # 10

```
N O P Z V W T F C P S E J N Y R L A F Y O D V
C I E Y Z N R I D D L E D Q W T C X S W D U L
J S J R E J Y L D R O F F B E X I R S Y A I R
Q B K R G K B W S P F R A A O E C V Y I S R Q
N P R P S S K U Y S X A Y T L E Z J I P M E N
J U Y M Z P N G W X A O L P S M O K Y T T E Q
C W I N T E R R E A D Y A C S Z W F B K S I T
C Y J Z M L J Y I V B M S S H Q O K C S K E C
F R X G N I N N I R G C W I O E W U H K F U F
B A I P O C U N R O C Y I C E P M N I C O Q J
G A Y A N G O N A V H X N P S R G Y L G M Z K
N B Q T C O P G R I Z Q G H Y A D A L F D R L
D E Z I N I T A S F D R Y N V H V Z Y C I E U
R W Q O C I T E O P S B Z M P S E M T J U W Y
P B W L I V E L Y S X D X K O C O A A U G V C
Y O G H O N O R A R Y P M X N O N H B A T G C
A C P Z E P O R H T N A C Y L F R B L K H S Y
Y D C I L E D E H C Y S P B Y L T S E C P T M
```

COBWEB	TABLE	LIVELY
HONORARY	LYCANTHROPE	MAPLE
POETIC	PSYCHEDELIC	CRYPTIC
CHILLY	RIDDLE	SATINIZED
ALCHEMY	WARN	WINTER-READY
SWINGY	SMOKY	GRINNING
SHARP	SHOES	CORNUCOPIA
FESTIVITY	CURRENT	ROOMY

Puzzle # 11

```
F W R Y X W W J L H Y X O B W Y Q B W V D J Y
J Y C E R G Z C N S K E L E T A L O M U U E K
A U X O E N Y F E B I F O E M B A L M Y H K Q
C E A L X O P E X R P T Q J D V N E C K N H C S
R S V J I L K S O E E Q C L Y W E R X A B A T
T V A V N W Y T C R L M W D E U H W K F K T Q
G U M G G Z X I E J R B H O R G O I S X A N T
X O N H E U X V H R N S M S K R R H P J F N R
V B W R Q D Z E S F R N Y E A Z V R R V O W I
C T N B H L J R G Y Q Q H W S C Z Y O S Z J N
S B J S A S B W W E M F P F U N T T T N W H V
S A O V F R W E W E X B F M J Q E A A Z A W E
C F T T O O D P G R M Z O Z U O L F W N I C S
V E X M T D T I O T W E T L C G C M D V D V T
G L E A F O I C L C W X I C I C J K L G A E M
H K T B A Z M Z N E U J U C I C N M D P X F E
H F B A L C L I T P Q L J J Y I A Z O M S Q N
I E P I T A P H V S T J V V T D T R D Z A U T
```

VAPOR	ROAST	SYMBOLIC
BOTTOM	SPECTRE	VOTE
ENSEMBLE	NOSTALGIC	EPITAPH
LEAF	V-NECK	KHAKI
EMBALM	SKELETAL	CASHMERE
LONG	FESTIVE	BARD
HAND-KNIT	BOXY	OCCULT
EPIC	INVESTMENT	HUED

Puzzle # 12

```
Y V I Y R H A W C R E T S N O M I K V C V B A
K Q P A A M V U X P P V U N B F O O T W E A R
A W M U K Y R H R I D L W O V U B E N I L A K
D H N A C R D I H M V O P G A H U K M D C M E
J T W I E Z M N O X N O M F O O R P R E T A W
U V S N N I M R J K E B O G R D M Z J N E P D
S P T T T E T T N T M L H S N E T H A O B E O
T R A I U U L U I D G O A M S I S Q G S N M V
A O V N A F L C M Q T C I O C D K S I R H Q U
B E Q R U X F Y I Z M K R O A C A R E Z Z V H
L W Y M Y A G I I C V H S L R U B T U R Q I Z
E C Z D R G K T N B F E O R E E T X Q L D U P
M V O S D Q E V D G C E Z I N A Z X Z W H Z A
H J C W E V L O S I S L L E P N U G J V J R I
F C E L B A N O I H S A F H G Z M Y E J Y D A
P H T W U D F S X Y Q L M P N V G Q W X M I S
H F T E R A J I U Q L T E O P Y W T L O T Q A
Q Y K A N O I T A R E T I L L A X S Q M Q S O
```

MONSTER	STUFFING	SOLVE
WATERPROOF	SCARE	PRIMITIVE
MOHAIR	ADJUSTABLE	HAUNT
ETCH	PATTERNED	CURRENT
MORTUARY	POET	FASHIONABLE
DRESSER	LURKING	ALLITERATION
HEIRLOOM	A-LINE	UNKNOWN
POETIC	BLOCK-HEEL	FOOTWEAR

Puzzle # 13

```
K N A R R W Z L R E R O L K L O F A E T L F J
S O D A Z N A I B I T S S T P S K S L R W F X
U V K H H E I A B N L S Q F A S D L P A H E W
H L X S R E E U H I J G H A R E X F A D Y S G
A R H E C V H X M O A S I A T N K R T I Q X X
W N H G N X Y F U E U E B C Y T O A S T A G K
V T C C V H I M L L Q N W I L H X I T I O R T
E C R R E T M I J E K Y K V I G F N G O A H G
N L O M Y E C I N T E R L A Y I P I O N E E R
I W P E D E M R O F I N U G J L S H A D O W Y
A F S V Q O E F T E T I N U L M H Z X O Q N C
A X W R A D L A N P I D Q A U I Q N L Z G O M
F A E D F D U A A G D Z S A Z B K S I X I C X
H Q A W A V T I N K W S R Z U W P P Z V T I K
J Q T Y V I U X E T I Z L A Q H T Y X Z S F V
J M E J R R T I V E L V M H K A D H A I H J C
N S R U D A K I E T P X B W W W U A J Y A Y F
N I P C G R B A R N Z T S R O T S E C N A P P
```

ETHEREAL	TIBIA	FOLKLORE
SLIM-FIT	REVENANT	UNITE
HUSK	HEM	TRADITION
LASSIE	PARTY	ZIP
PIONEER	GAELIC	SHADOWY
INTERLAY	PURITAN	ICON
CROPSWEATER	LIGHTNESS	ANCESTORS
STAPLE	LUXE	UNIFORMED

Puzzle # 14

```
Q Q S C C U L T U R A L G L Z J A S D O T P L
O G C Y B I I E P F Q W J I H F Q E A L H G F
C Y D N A P E L O N G S L E E V E U P T I R G
M U M K B R H H L H B M L J C Q B U P B J I I
D F I O D E U O D H O S Z U L I F C E W N V P
N N D Z O U E I D P M B T K K O K T R K Z I C
A E O Q F D L E G C Z O Y L S U O E G R O G H
M G E B B I R P U L L O V E R G A D G E T Y U
D E T Z E A U N Z P M W E I L E O D D S B A N
D M A C L C W E P A B B I W B R X E P J K W K
E Y G F L A I X D S O I P L Q B G L K G N E Y
U S I X A S P A U H C N E Y C R K I W F A G S
V T V E H H Y C S M Q K P D E L A A X D G A E
Z E A L K M M S T I G D O M F U N T N W L S T
R R N P V E B E E N M R E N N I D E B B L S T
R Y O R M R H N R A N E T L A D B D T D M A L
T C C E S E G W H R R L M H L M L U I Y Z P E
Z V R P O L X E F T S E Q L T T Z X T Z M F R
```

MYSTERY	BOND	CASHMERE
DUSTER	PASSAGEWAY	POET
FLARED	DETAILED	DINNER
CEILIDH	CHUNKY	REEMERGED
SETTLER	MOOD	GORGEOUSLY
GADGET	NAVIGATE	PERPLEX
PASHMINA	DAPPER	CULTURAL
PULLOVER	BOHO	LONG-SLEEVE

Puzzle # 15

```
F T U G B E X P R E S S I O N E W B B Q R F B
U H U C F Q E N B C P A R A N M U A O R M O B
J M T U A C X H J S I R I B B E D K N I T D R
B N T N E R A P S N A R T V A N I S H L J Z M
E S E C P U A E R U G I F I Y E C E H M A Q E
E O F N O O I M S I Z P F X N X G M F X L L N
Z I F R L O F I E W Z O A O P K S X Q U I I B
D P I D T N E S B L Z H H T U W D I S T H R R
F H C E E J C Y G R P T E S T V H N A H H C X
L K I C R H H Z V D P P T O Y E O S A A B D G
E V E H G B G I Q E Z L Z T E I R G M H Y K O
E I N S E L Z A R P U Y X F Q E Z N U J R M O
C P T U I N W A F A P L N A V I L G E I A Z M
E Y U K S X Z O F R R O R R E T U N L D S B K
A G W Z T Y A E R D K E I C F H I R U O V H B
F M E C Z X D M X P F X M Y B L F A R N S A O
Q B N N R L L L I T B F F G A E D D K P M D K
S Y T W X O E N U J K A Z F T O P E V N H C Y
```

POLTERGEIST	EXPRESSION	ARAN
DEFAULT	TRANSPARENT	CRAFT
RIBBED-KNIT	A-LINE	VANISH
TILL	HAND-KNIT	VOGUISH
TERROR	PUZZLE	VERSATILE
CARAMEL	LURK	FLEECE
EFFICIENT	DRAPED	PROWL
PATTERNED	TOP	FIGURE

Puzzle # 16

```
T N S N O I S S E R P X E U C W X R F T C F T
W M X U H O J O Y F U L Y D R B A O S D H R B
G Z C I P W S Y R A U T R O M M N L K W A I D
Q Y F I U S Q T N B E W I T C H N B K M K E X
H O D L W T F U E P N B R R D S D K N U W N K
Z I C O N I C N X M G L E H F U E T L T T D T
A M T E G U S T Y N E E P S E L R I B E B S T
B Q C E C L P I P H R O T F J P E M E D T C O
O C M Q T V I G Y F A R D L T C T E U O N C Y
A J M A D V J I S I E V U V S X T L X E N K D
V S E Q I Z P D C A N F U U A M U Y T I R N J
V R A T U L N G M A S Q T F F R L V A N A G A
T D S P A A X E C O Z Y U P J E C D P L X Z O
K E D R H I R I W P N L A S D C N L H H K D C
F W T K L S R F G T X W S I K Z U G S L X L V
W B T O U C H A B L E H R L J Q I D J Z V Y R
I Q U H G V M O S Y L O K Z W H D M H G F Z L
O I N T R I G U E D B V K K T H I F K V F O B
```

MORTUARY	WALK	RIDE
MUTED	STEM	GUSTY
TREAT	TOUCHABLE	BEWITCH
FESTIVITY	PLUSH	TIMELY
OGRE	STREAMERS	INTRIGUED
HANDS-FREE	JOYFUL	EXPRESSION
ACCENT	ICONIC	FRIENDS
HIGHLAND	UNCLUTTERED	COZY-UP

Puzzle # 17

```
P R L S P D K S D X C X P I S B J T A X S P S
S S W L C E S O M V K S N T R A D I T I O N G
K I S O A D T L S E K T U N U W Q U B I Q M C
J N A B Z U H I K N E V D N R Z W F Q E R R S
E I O M Z O W D Y R Z N M E L O D Y C V T Y L
Y S Q Y N R L C C M O B I L I T Y G J M N K Y
T T Z S Z H F O B F P R T U R P G L C K U Q C
T E A S E S N L A M S L A I T N E S S E O X A
D R M B A N T O S I R R O T C A R T X K M E N
X D O P E W E R K U Y S C S Z J R J C F A F T
R E W C N P M V E F X I Z J F A Z E I S R F H
R A T N I K T P T G D B S C E R N D S B A Y R
M E L D N U H W W E S X V W C W L J A R P G O
D O G L E R E M R W G N T A E L B F Y L Q F P
X U U N O L V S I N Y O M R V L R M W H E V E
L X B C I C B R R V O B C X E X E X B M M V V
F Y D A O Q L A Q F D I C K F N A J U F F A E
W J H F Z T Q Q C Y R U T N E C U R I A K J P
```

SINISTER	FEMUR	CREWNECK
INTERCONNECTED	LYCANTHROPE	MELODY
CABLED	MOBILITY	BASKET
SYMBOLS	COLLAR	CENTURY
SWIRL	TRACTOR	DOT
SOLID-COLOR	TRADITION	TEASE
ESSENTIALS	PARAMOUNT	CIDER
SHROUDED	FAB	FOOTWEAR

Puzzle # 18

W G Y E U S C W G L N I K S B M A L Y A P K V
K E O Z S R E B I Y M X S P O W E R D H Y Z S
W U H R B O L P R T L B M R A H C K D X L U K
H Q O Y F T E L G J I J A R K J F Y G G O F A
N D X H O S B E T T D I S O R I E N T I N G Y
J E F T L E R C Y R M O O L R I E H R I X K N
B R Q C P C A J S O A P O T A T O E S Q L Y H
A U Y G J N I R G A W C G Q X U T G N R E S M
Z T D L D A E Z B L Q D T I T S T C T N E V E
L C D E S U Y L T E S U Q O Y J G I M B W C Y
L U R U Q E S A V C T L K M R Q G O R M A H A
Z R W K V G Y T Q D R R O S B X Y N T L S B V
L T A Y H N M E Y O U T E V N N Q R P E A N Y
E S M S E A V L T Z G L N V K S J E R S Q X R
H J J M P R F E F Q G E N K C O R H H L A L O
F C A T M O U K X H L W S N O I T I D A R T A
N G N O D V D S Y W E F H H F L I T O H F K R
K U N I F O R M E D E C K H U M N D E N L C T

FOGGY	STRUGGLE	TRADITIONS
LAMBSKIN	MYSTERIOUS	ANCESTORS
THRESH	DUSTY	ORANGE
RITUAL	TRACTOR	HEIRLOOM
CHARM	VERTEBRAE	GAME
STRUCTURED	POTATOES	SKELETAL
EVENT	POWER	FIREPLACE
CELEBRATE	DISORIENTING	UNIFORMED

E S C P J P Z T Q L F S D C X J E E O N Q L W
K D H I J Q U R H R W F S D B L S W V R U S X
P O L I S H E D N G R Y L L A R U T A N D S O
D K I N S H I P R Z I A Z Y M H I H Z G H A G
J V U N W Y K U E I T E P U Y Z O C M O S R R
Y R E N A B R U T D N L W E E R B M O R Q O U
Y Z O C M V R S N X S B K T U T M K W G P T I
L O B M Y S Y Y A J A U E H H T U F N E G A G
O Q F U O C J L L S B W R A D G U Y F O A D A
P S W E A T E R S G C U A E W C I P S U T E F
D Q Z I A R P Y D L R T R E G T P L T S Y R Y
H M S T N A D N E C S E D I D N L X R V O P V
Z H T F Y L K E Y E X Z R X A D I A E L F K Z
J H A G L R I U I J Y D V K P L U G T A B G M
Q S A N F W P F G A E L S G N V F O C Y B I N
P Q T A O C H C N E R T N A T R A T H B F V C
P C C C Z E S S S E N K R A D T W A I L I N G
G I U U J V K I S E P U L C H R E P Y F W H O

DARKNESS	COZY	TARTAN
NATURALLY	WAILING	SWEATER
SYMBOL	GORGEOUS	SEPULCHRE
GINGER	LIGHTWEIGHT	TRENCHCOAT
BURIAL	FIESTA	STRETCH
URBANE	LANTERN	DESCENDANTS
OMBRE	COZY-UP	PREDATOR
KINSHIP	POLISHED	BASSY

Puzzle # 20

```
J G B Z Y Y A B T Z H E K U A E X B L O O T O
W T E K C A J N K U S D P F L A T T E R I N G
S M D I I A C E I A Y U P A A S W A A G U S F I
N K O V F T N K N N R S I I C O Z M L Y H L V
T A W H A T M A Z M A R D R K S B K H U A J O
H T D P A R X S X M P E E I I A D P G A F K C
S T H E V Y Z E N L F Y C X O T E N W T J M C
J E B O O V N Q Y E A A E E T X R A W N H L
Y W I T U Y E G P Y A L L R M V A F C L C A B
Y M O T A N A T R W O K R V T R E A T Y N D N
A E N Z E B D E E S K G E D U S T E R O D G G
Y D O B A I V S D R Q E T R H A V X S E M A T
O E K W S E R M T K A W N D S I P A T Y B U I
N U U Z R U B A N O Z N I J Z C E N L U X O Y
D S N E E T A S V U O V S T X S I R T L D C I
F N N A K D M Q Z C G T U C K R H G T J N K P
H C O K X P V I X J M W H A P C P C R X L V N
E O G B J D I N X C L N M P Z N E J W V R L Q
```

SPIRIT	REVERENCE	FLATTERING
INTERLACED	MIX	ANATOMY
PRINTED	DUSTER	CREAK
BOND	PATENT	BEATNIK
TREATY	SEASONAL	LAYERS
BAG	LANDSCAPE	JACKET
VARIETIES	SATEEN	VETERANS
SUEDE	HOUNDSTOOTH	SNEAKERS

Puzzle # 21

```
E M T D C C D F A T K U X T W Y D F O D C K M
K K W X W M Y P F G V F A M R F J B L M F B R
G C I N N A M O N K X L U B A I U C I R F E F
Q R P A D U G N I L R A E H S S H U V C D X F
F P E Z J U X E T S O N N E T R Q S E N N W Q
A F A S H I O N A B L Y T C V Z P U E Y P U C
U V F T Z P D Q Z C R E W N E C K L E B P Y P
Z V I R F X Q W X B K E J O E Q S C P R T B O
V N N D C D N A T I R U P L U I I L Z F A T O
T Q E R X R B O T T O M X B A L D H F I N D E
U S K A I S E F A N T A S Y Y Y X B E K Q J K E
Y O N P W Y N M T L N W K R W T X Y R L D J I
U G I E L N Q H I P G W C N U E S C A G D C O
G E T D R U C E M N N A D W H A B U W P N O S
M U L T I C O L O R I Q K X E X I G H S R I G
Q I U J T R I P L O W S N W O N K N U F Y R N
R C Z Z M L I E B R F P C J K S E R X X K B L
X V E I M L O N G L I N E E N K M Q Q X E Y I
```

INGREDIENT	PLOW	FINE-KNIT
FASHIONABLY	UNKNOWN	MASQUERADE
CINNAMON	LONGLINE	PURITAN
FANTASY	BOTTOM	EASY
JUMP	FIND	MULTI-COLOR
SLENDER	REMINISCE	CREWNECK
OLIVE	DRAPED	SONNET
ACRYLIC	SHEARLING	SHIRT

Puzzle # 22

```
X X R V V Y O Q P K S L Z A M Q I A H M G E E
V D E A Y U T O A M S A T N A H P O S E M K C
G U V D B C G N I H C T A M P L N U I K L O S
X N O J E L B A H C T E R T S I N X V I O Q R
Q S L U R Y T I N U M M O C D T L C R L W E A
U B L S O W A G M N P O G W G Y V G T Y L V E
T J U T G L H W I T S B Y C L U G O R M S B Y
J F P A H I I S L I O S L Q A B N X R I Z A R
B S U B U G T I S Z S E L L U E P E X Y M N E
I W Y L X A V S J T E R X R D R L S E O F Q T
R B F E L G S H R U G V G X E B P Y L K J U S
E T R L F N E I R N Y E N D A Z D D I Y U E E
J U S L X I Q X O V O H A T O X I N T U E T Y
Z G O O G F U V P N V T A N T O G I X V F S P
D F K G F F Y Y I R O E K G E P N W E J O U C
V G Z M F U B N C R E Z S T D C I T T W B T X
S X Z R C T G D R P F S B B D I T B E M B X E
R M P S A S S E M B L Y S M N B Y F S M B W F
```

PHANTASM	WINDY	STALLS
MATCHING	PREDATOR	VOTE
COMMUNITY	ADJUSTABLE	STUFFING
OBSERVE	PULLOVER	SHRUG
PILGRIM	EXPRESS	STRETCHABLE
YESTERYEARS	BANQUET	DIGNITY
COOL-TONED	BURGEONING	TABLE
TEXTILE	SLIM	ASSEMBLY

Puzzle # 23

```
I J J L R K C A R O J H E A Y R Q O R A V E O
I F Z L L Q X L F O J W T U Z P M C Y X Z X F
L E H M C O B Y K V J E V A M G Y M D G J V L
Y S E G N I R F G I H E S D I N N E R A B P U
C T X E Q R C N O D C F R I E N D S Y N I K F
G I D N M E I O Y Y D E G D M U T N K M Z F R
X V W A W T U T R A R E R L Y L B M E S S A E
Z A E X U T X C Z Y U V D E R Y B R E E Z Y E
K L V O D U S F T W V M G P M D W K C S B E H
T Q M Y N B J K J U A P N U A O G O D D O Z C
X K S H U C D M R C D B I I D I N P D C E V Y
G G I T O L L I H C H M T I D I M Y S A I Q V
D R L R R T Q R I B D M N R Z Z A G Y K H F I
A I B A G Q R A R V L E U X F S L R K L I S J
F M A E J N N E C K W E A R J A E L O T S C F
C K T S W O D A H S F V H Y A J X G K H A D C
T X E M L V L A Z P O R W T B D A E R D R Z A
N M G R O T E S Q U E X H Q Q G W W U F H D K
```

BAT	DINNER	HAUNTING
EARTHY	CHILL	FRIENDS
SHADOWY	GROUND	SHADOWS
BUTTER	BREEZY	RARE
DREAD	FESTIVAL	STOLE
ASSEMBLY	GROTESQUE	CEREMONY
FRINGE	MIDI	GRIM
OUTING	NECKWEAR	CHEERFUL

Puzzle # 24

```
F G L L I W O G T B B K P G G N D Q W O K G N
Q F H M G O G O Y Q O V S L E A M P H P I C L
G E S W W M O T S U C O A J Z R T G Y Q W W O
X U X O B Z F I U P D A T I C A F S S D C T L
N E N I G F I F V G X U Y C A G E L E I P F D
F H V I U S S L E F V P S G U Y G O I H K O S
M K Y I Q Q Q A X E X D H T F T A F R X R K C
O B R Q T U S U C J Z O E I E F I Q O K Z X H
O V V Z A A E S I W R V K F H R H H M T O D O
R A L I Y B N A T P U B T V A B E G E O P H O
V Y B K Z R D C E F I L G Q G U R I M L K G L
X U T A U S Q J M J E B Y R Q L L H Q W I E Q
A G O M N E C M E B R B R F Z K B T B E A M Q
J W E H C D O X N G X U R Z T Y J W P M X V M
Q F I E W B O U T I C A L O J H Z U R D Q N G
D E P I R T S N P L U S H Z G P U L L O V E R
B C B D A Q K C E S I V P N E U O N R I U C H
C Y Z O L W P U F D C F F I N V E J O F E K G
```

GATHER	MEMORIES	V-NECK
DOT	HEX	LEGACY
ARAN	UNIQUE	ABANDONED
CUSTOM	BULKY	DUSTER
NATIVE	BROGUE	PLUSH
DEFAULT	FEMUR	BELT
BOOTCUT	OLD-SCHOOL	EXCITEMENT
PULLOVER	STRIPED	CASUAL-FIT

Puzzle # 25

```
R R P T H Y B R I D F Y V W Y D L G Z N V W Z
W M Y S T E R I O U S N C C L N R D A A C P X
Q C P H A S P I R A T I O N H Z I F O I E G Y
M D O Q K I G J P Z L T J Z T D J J C M I N J
Q M A G I C A L S G B A N B A F B U T E L I Z
R P O W V F F H M S H S J L E U P W O H I D E
B D O G Y E M T F Y J T P Y D X Z L B O D D C
I O Q I A C I H T O G R O T B D M Q E B H U D
R R R S B V I C T O R I A N A E Y E R A C B K
W M T X R U V N B X J H P N G H K N L I T G Q
Z U V L H K Z L A Y D S H V C D Y E G O R E L
Q N A M F R A T U V R T T O P J L L G A D O D
P J C V G Z D B C F J A N C M M A E T W B Y S
R O A R E V P I O N E E R F R T N I I M Q T K
A K N R H A A P Q A O W K P S T T I Y A R A B
S V V C L O A I Y C G S D O L U V S E U H T B
W D A Q U E I Y L L X L N E D D I O A V E Y M
N I S V Z C J Y U L V W U E D W H D O K G O N
```

MYSTERIOUS	GRATITUDE	SWEATSHIRT
BOHEMIAN	GOTHIC	PIONEER
BLAZER	VICTORIAN	DEATHLY
CEILIDH	TOP	ASPIRATION
MAGICAL	MELODY	BUDDING
GENTLE	HYBRID	SYMBOL
NOSTALGIC	PLEATED	FEAST
OCTOBER	SATINY	CANVAS

Puzzle # 26

```
E Z D C L X V T R D S O L V E A Z V U F S A D
O L G O M A Q O D H H B K M M K X X K E J Z I J
S X E O J R N E C H V X Y E I Q O D V K U W V
I Y S A I E O O Y P N S L H O R P C I L V M W
J I Z C G E J X S B L L R E U U R F T Z R N P
H Z A B N H B C A A O Q E A D Y T P A A M V Q
F M U N M S T F V W E E V N Y G N E E N N X T
G N I R E D L I W E B S O Q W F A P R G O W N
B A I V G O I E H U W P T Q N P W R C W M X I
C I H T O G V L X A D W F M L I G H T N E S S
M C Y T I S R E V I D M E G E Z E H U A D A T
E U R N W R W S R B Q X L Z Y A C D Z X O S R
B X I P E R I O D C M I D I U R D E G N A R O
D V X N C V S I V N O L C M U J L U B H B F P
C O F C A V E J G I C A W S A G A W H E A T S
J J B T T R S T I L E T T O X J H C M N Y P I
Q L T R T V C H S B H S A Z N Y O E J G U L Z
K B H J S D E T A T I C S U S E R X N P B H M
```

GOTHIC	SAGA	OUTERWEAR
OVERCOAT	ORANGE	WHEAT
SHEER	DIVERSITY	LEFTOVER
SEASONAL	STILETTO	PERIOD
JUMP	GOWN	CREATIVE
JAZZ	CRANIUM	SOLVE
LIGHTNESS	RESUSCITATED	DRUID
BEWILDERING	MELLOW	MAC

Puzzle # 27

```
N O Y M R I A L Q I T A S S Y V J N I E R V X
E Q B S J E J D J F L G K N L O M Z A C M A F
T J U Q Q R A M I N D E O A E T A G I V A N L
A X O Z H A X P Q P I L Y Z W U I Y X B K X N
T P E M W H I K V R D O L Z M D A K R U Y G U
I F G D J S V X H W A R D Y H E B I H J T C L
C A K Z A G O S M T D E E M R O F S N A R T M
S S C O L O R F U L Y T L D D E R E P P I Z N
U H A G R H E T E U A H P V E E D Q C E D F U
S I H R W I N D Y C I F K Y W F O R M Z R P R
E O T U C T K C I R E R A O R Z E O Z A Y Q C
R N K E R F A L B L V R P A Y R O R D M X C B
C A M S E M E I T N C B P O C L O E S N Z Z B
M B F O A R P H L K O H R L G M E N A C I N G
O L Z M T M F W Y O R U S E U L O G O Z E G Z
Q Y W E I J O O F N R N M V E S Q N S B J Z T
I U N M V G H G Q L T E L G Z Z H S L B A H Z
Z K A A E T I M Y T A I D D B R Y C U J Y T M
```

GLOOM	WINDY	ZIPPERED
FASHIONABLY	SHRIEK	COLORFUL
BREEZY	RELICATE	MENACING
TRANSFORM	PLUSH	RESUSCITATE
GRUESOME	ROLE	TAILORED
JAZZ	SHARE	MAZE
SNAZZY	MAC	NAVIGATE
MIND	CREATIVE	POWER

Puzzle # 28

S Z I Q S D V U G O U K U O G S C Y S I B E Z
H O R F I F S H S U E E R U R P P A Q T I X Y
O C E S K L O Y P U X I B O E B Q S I S R U K
K V P T D A P Z C J Z T A E V I T A E R C Y R
S M P R E N H K I C O G N A C K B D E L B A C
D C O E P N I T N X S E C R E T P E Q O K J G
Z I C A D E S E T Z H W I V E J X C A V O E A
Z S W M V L T F E Q B Z N Q F M O S Z T U E U
W U K E T T I C R G V T Q R U K O Q S V N M I
I M A R P W C Q C T S E T E E E A S M H Y I K
R P X S N R A O O B R P B T V D B U E D O C K
E A L F K E T E N W G R A A J X O O B U D W G
A M L P B T E W N J B X W R Z H L M R G R F N
C M E L Q N T N E T W I B R K D X N Q D M G X
L L B M O G A A C H T C N A J A N I K P M U P
U L X S O C F Z T L W U B N K P V O G U E M M
R V F L U R Y R E V I H S F E K F W U N F F Z
K N C F X L Y F D Y R R E B N A R C D I Z P V

SHIVERY	MEMORY	COLLAR
COGNAC	GRUESOME	MUSIC
VOGUE	COPPER	PUMPKIN
STREAMERS	CREATIVE	PARKA
SECRET	NARRATE	INTERCONNECTED
BEATNIK	LURK	SHOW
SOPHISTICATE	MODERN	CRANBERRY
CABLED	URBAN	FLANNEL

Puzzle # 29

```
E L Q V C P C D I Y O K E U P M N Y D D P C F
A T L J S O V E M E G N J N G V Y B S Y T K U
R F G R P L S X N T I K M C Z S W J L V K Z H
C G P D R T F A X L N T S Y M B O L I Z E N L
F K T V L E A W A T C W Q F B C O R E J U K L
D R S M H R E B I R C S N C B O O M R F T G Y
G O H R G G X S D N E I R F W L J C H D Q X F
P D O M L E N W M O R T U A R Y C D H K U N N
A A O Y L I H J S T R E A M L I N E Y E Q O E
R C D L L S V E F L A T S F L T F O S M I C W
A I E Z C T T O N K A J P R V K I P Q T B P P
D P D B L V D T T U Q C K I X R Y F A L J I C
E L L A N T E R N A A T G N E F J T Y L X C I
B E Z T I C A C R I S P P G J Z C Z O A R T T
H P G X R C R O Q P Y Y G E P E B W J I X G P
L A S V Q T Q I M C V R I W P L J H H M Z Y
G P N G T H N C A E M S B X E G L T O I V C R
P U R E N M A R O O N Q E O P H A I T N P Z C
```

POLTERGEIST	CRISP	SOFT
MAROON	OMEN	PAPELPICADO
WOOLLY	PURE	CRYPTIC
PARADE	FRINGE	EXPECTATION
MORTUARY	SYMBOLIZE	KNOT
A-LINE	LANTERN	SCRIBE
WAXED	HOODED	FRIENDS
JOY	STREAMLINE	FLATS

```
G U K J Q S E Y O D R P V J U N B K S V K Y N
E Y J S X Z G R A T I T U D E T Y T P S R L N
M C T X U A J J H Y W A T G N N G J U U E T T
B T P M A E Y U F F P K C E T I N H C W M E S
N G T E P R R L O G G B I Y S R O L R F E N A
S R K U S O M S Q H X W F D I E I R A O M I O
T U W K J L Y R E T E M E C A A T T N C B N T
T N D H M K N E U I R A L N W J A K B R R I Z
D G T Z X L Z I V A N I S H H M N W E E A M W
L E H T M O H N O I T O P K G O I R R R N E I
Y T I N I F N I E N I H S M I N D H R A C F W
L M Q Q Q K Z F G X F W C K H E R U Y E E E O
L K H C N A R B N E T H G I R F O O F W E D I
U A R Z B H E A V Y W E I G H T O Y S K C E L
V I N H I R B W Y P O B W J X G C U E C C W C
V E R T E B R A E U N E A R T H Z N C E I D V
Q L A R U T A N Z K Y G O V B K D G C N Q N F
U I S G N T T D H C V E P F B M S Z J L S R R
```

VANISH	TOAST	HUSK
COORDINATION	FRIGHTEN	BRANCH
WEEKEND	NEUTRAL	UNEARTH
CEMETERY	INFINITY	NATURAL
POTION	REMEMBRANCE	HEAVYWEIGHT
HIGH-WAIST	GRATITUDE	VERTEBRAE
NECKWEAR	FEMININE	CRANBERRY
FOLKLORE	GRUNGE	SHINE

Puzzle # 31

```
X S B S Z L C V P H X B U G V U K B N S I D C
Z P Z Y N C G B N C Q U O M O R T U A R Y M A
U R E D G F W S D H G N X F Z K E Z J U P B D
Z D E R E Y A L G N A C A N D L E S S A T O T
J G J U Z D L N G I I S J H V N B X F G L S S
Q X G I Q I I D R H Y Z Y T K X U D P N V Q I
E D U D Q M W O Q M C J M H I W K U R H V Y V
C P B V L W T L B S I C Y L M L M U I M E R P
R X N A B C O O Y E H A P X A A L Q O Z R Z C
O P C G I N L I R P R N T B H I G I I Y F P R
O U V V W I W K R U X V Y V M T O A S T I N G
B B B E Z W I T I L E A Z J F W I N M M Q Y I
P R R E C L Y I C C F S H R S E W I V O L T J
W H A A F E K Z O H Q A Q H I I Y K M D J F O
M J H G D E G G A R K C E H C S G P S U A D Y
T C R E T A C I L E R B C P I S E M Y L M Z F
B M J O Y O U S R E T N I W L A T U Y A Q D U
M L I A T M U L T I C O L O R L H P V R I M L
```

RAGGED	SYMBOLIZE	TILL
CHECK	SEPULCHRE	JOYOUS
LAYERED	CALMING	MORTUARY
LASSIE	WINTER	RELICATE
PUMPKIN	TOASTING	TASSEL
VICTORIAN	CANDLE	DRUID
MODULAR	PREMIUM	JOYFUL
GARB	MULTI-COLOR	CANVAS

Puzzle # 32

```
J L D M D G X L B S Y M A R L J W Y L W U S L
R B G D G P U T U T I L I T Y J M S J F N T D
Z R T N V Z V U P Z D R F R Q L U T K W U R W
I O K L I S R Z L J E W R C S S S I S I F S X
S W S O W L D Q B H F U A G Z M K U V Y N C M
E N T O M B K R B V I I K H E V E N I N G N T
J T Q Y D M E R H Z N W Z Y O B T M I D I E Y
F C A A F A I D A X E Q I M W B V E P P G H X
K O M C D K Z E G D D E N V N B J A O R G T U
Z L R V I G C E N M U S I C Q Z X T W E H I R
S F O M C L N N E C O F R I E N D L Y T C R E
Y O U A A Z F E I I J P K M I V B J H U E S Q U
M L S V F L Y D L T Z H M I F M V I U N Y A E
D K B N N A G I D R A C P B R U W W D D B I P
L L L A U F Y B G R A T I T U D E X C H B I E
Y O E Q I G S Z V N G E P N H S A U P M D R Y
J R U S N I A R B K W A H H A N U L O S R S Z
D E K K J C W A Q U Z X E S I F E Z M U L I Y
```

ZOMBIE	FUN	CARDIGAN
BROWN	TOMB	FOLKLORE
DELICATE	SHEARLING	GRATITUDE
FORMAL	ECO-FRIENDLY	UTILITY
BREAD	PRETEND	SKINNY
DEFINED	MUSKET	BRAIN
HUES	MIDI	MUSIC
DARKLING	SNUG	EVENING

Puzzle # 33

```
J G U T H L Z N F H S V X W O T W W K E T P B
I E X L Z V R Z A U J I R G I U A P X Q Q B Q
W S X Z C E T A M P O C O L O N I A L J U H A
W G Q F T L I I I N U I L M F Y L K E Q N U D
Z T N T U S Y E L R P H N Y I Y I G K L P B Q
K C A C D G T K Y E O H W T P E N R U N V M M
V P C L J A R U I D X B A Y E K G A V F B U P
I O J N F L E O Q O S K S T I R I P S M G R L
T C U N U T N D U M V M K Y B P L G I N N A A
E F D D R M C E H N G A K K U H C A I A M K Y
K A C E E X H R I M D D I G A E T L C A Z N D
C C C T P G C U B D M A N D I B L E Y E O F E
I E E N S G O R E E J U D S T I C F E R D L U
T P N I I F A A R G F Q R R H Q L I K P V P S
L A G R H F T L N C B D C C B O K H M X I X S
C I Q P W P Z E A S B D O P W U A R N S H M I
O N L X X O L P T Y O X Q E R K M Y B H Z Q E
X T J D Z C S M E Q O R R A I W P P S J T R R
```

WAILING	COLONIAL	PATTERN
INTERLACED	WHISPER	MAYFLOWER
RURAL	KHAKI	OCCULT
HIBERNATE	TICKET	GROUND
BUMP	SPIRITS	PLAY
REISSUED	CHILLING	FACE-PAINT
PRINTED	TRENCHCOAT	FAMILY
MANDIBLE	CHUKKA	MODERN

Puzzle # 34

```
O Y O A U E L M S A A B N A D B H Q A P S J E
M L T L G N A T P P B Z F H Y G N I K Y P D X
R G B Q Y O P P K P S F O D Y A P F M T C K B
F D T T R T A X R B W G C W N O Y B F A K O R
L M N F K R V C M R P E W V O L O B G O J O A
B L C H I W J E F T P A T S M L N O B C U L N
A D R T O C Z R R D Q B E N R A V Q U A Z E C
I V I C V Y O C C S G I S E A M P K I E U R H
D O A C C V H K I S E H B T H E Z Q U P E R I
N N I A R B T H S U L P N O I T A X A L E R N
U K Z T M U S Y S Y B P E O H A I J H U W Y T
D L X Z I A J G A M T J C W I P T X O Z V Z E
T R E N D Y R J L A J H I D E H C O F F I N R
U S V K Y R L I C F U W O B G O W U B B P M L
I Z P C T V R T G J O H J L V R O V O H S F A
I N S P I R E P O O V N E B X Q N W O W H D Y
A Y U O B I O C A X L E R R P H A N T A S M O
E M B A L M R I B B E D K N I T D E S U Y I F
```

APPARITION	MARIGOLD	SYMBOL
PLUSH	PHANTASM	REJOICE
SEAM	RELAXATION	COFFIN
VERSE	BRAIN	HARMONY
EMBALM	INSPIRE	CLASSIC
INTERLAY	BRANCH	TONE
TRENDY	PEACOAT	BOOTS
METAPHOR	RIBBED-KNIT	RELOOK

Puzzle # 35

```
Z D D N A L H G I H P M B Q U K X S L F Y V L
F N J Q G N N T Q E S J E Y Y L T W O O Q H A
K L T X G K S C A R E C R O W A V R V Y J F J
L P S T R U C T U R E D U D R T U S G M L U R
I M V Z Z D E C A L R E T N I S O Q K E E F D
G Y X J G C X Z I T A Y P I Y P R T X T Y B N
H Z R O L I A T R B S T N A D N E C S E D L K
T L L W C G A R G A N T U A N F M N O E L B D
N M W F I O P B R E W M A S T E R N C I J N C
E X P R E S S I O N A R O F R A A V H I T Q P
S G C S D G W Y V R B W D F W C F C X W L A M
S E R A H S Y Z E E R B V C E N O U F I S S Z
L A C I T C A R P W R K W P F T A V H T L X X
Y K I P J D I V E R S I T Y K F T E K N A L B
T Y I Q Z U U R T W Y S U M M E R I F L X K S
H P L B P X F P S H Y X C M F R I G H T E N M
D E L K K J X W P E L X W Z G M A N R B A Y I
D A C A G M W T R J M E B Z N A J K T W W E A
```

CHILL	SHARE	HIGHLAND
INTERLACED	SCARECROW	PECAN
FARMER	SUMMER	STALK
BLANKET	TAILOR	LIGHTNESS
FRIGHTEN	EXPRESSION	BREEZY
DIVERSITY	BREWMASTER	DESCENDANTS
FAUX	STRUCTURED	GARGANTUAN
PAST	PRACTICAL	PENCIL

Puzzle # 36

```
I Q L U Y K K K M F V I J H Y G H I Q J T L U
N K U F N M M I R H B L T T R Z Z T J M V R Y
J I I Y A Z F Q E C T A U R U T J S E D Y L J N
Y J O I N T W I G H O A E M X C U S T S E D J
J B J O Y V A R U M P S B N O J E U V T Z W H
L T U H X S X Y Y K O A P M U N D F P E K L M
E I F T O V S L V M R V H U F B E N Y R R I J
W Y V M I O P C E A G A K E D U V O G I E J T
W D C E T E K G R G J P D I J O Z C E O P N B
O F E I L Z R G Q I Q T O G N I L D N U B E F
N I A T G Y H I K J B O R M N X L Q S S W K Z
T N O A C L A C V Q P E E N C H A N T B P V A
N S A I N E A T N E M Y O J N E X X O G B Y H
Y Z Z I R B L T P C O R D U R O Y C C O N H V
R X F A F M G L S Z Z A J F R T V N N W D U N
S T A P L E P Y O O T N E M E L P M O C T V E
X M P O B S K T A C N M A O F V U D U H I L Q
B K O D M L E X N A E V N O I S S E R P X E M
```

COBWEB	BUTTER	STAPLE
SUEDE	DARK	PLYMOUTH
BUNDLING	COMPLEMENT	MYSTERIOUS
JOINT	PARTY	NOSTALGIC
GRUESOME	EXPRESSION	ENJOYMENT
JAZZ	MOSAIC	LIVELY
CONFUSE	COLLECTED	ENCHANT
SCRIBE	DOWNY	CORDUROY

Puzzle # 37

```
R T L Q M D U W L Q G U Z I H Z T H Q I T E C
N B R A G X M C Q C O N U N D R U M N N I F A
I E C W O D E X A W P B J D V G E Q T Q F U H
I M C O X X U S O A D I V E R S I T Y N N C H
O G N O E J N S R H J F P U Y Q X U F P R I P
M L R L K M L T E T P D N P N Q P K I U E T R
U Z V L W L N Z M H L G T R O F M O C R D S J
K K E Y I E J R B A E P I R H F F C B G O Y W
W C M R R X A U R Y Z F R O C K S Q N A M M T
V H F S D Z C U O S K T P A U H A I C O D G L
A E H Y H F C R I T U X W I Y Y V R R S R G O
X I F S M O H O D A P F I O W E A X R O T V E
P T R I M M E D E C S M P E I G O B B L E M W
E P E Y B U Q I R K C O J L E N R A T N Q A R
T P E W J F B V E K H K E R Y V A E Y S L T O
I Q F C T Y X F D A N R A N G Q V G F K A T A
I C Y D A C T H G I N B Q N G E Q U I N O X K
G N E O Z N G F E A M Z Q Z D F N I E Q F U N
```

MYSTIC	FUN	TRIMMED
PARTNERSHIP	GOBBLE	EQUINOX
WOOLLY	MODERN-FIT	PECAN
GARB	EMBROIDERED	DIVERSITY
BARE	BADGE	COMFORT
FROCKS	WALK	HAYSTACK
WAXED	FRILLS	NIGHT
CONUNDRUM	GRUNGE	RELIEVING

Puzzle # 38

```
O R Q A L Y K E Q W O L L A M H S R A M P E N
P G S M Z M J Z R G K Q B E O T K I Z S P T L
W R S P N S P O P A L P A E L B A H T A E R B
M X T Y N E T E I I H X G Y Q L M S O R B R V
N O R D L U A C G W P S U D J A T J E Y Q J E
S U A B S R Z H L V V Z L L N Q T S C D B Z I
E T O V B S T N A D N E C S E D U M Y T K S L
O T K X T W U U N Y F T S A C R M Y O T V S E
R C G W E W E I P T H Q F X R Q G O L D E N D
E I F I W G Q E A X P N B E A F X M H D U O K
H G G H Y G B E E W G J C T R I H S T A E W S
E H Q G Q C O S W H W T Q A P O F F I C E R X
T S X A D O E U V T S M A P L E R G M W H P M
C R V T R J J F Y U L N M O O N L I G H T K K
R H T H Y W Z N L I A I A W H N N D Q R I E K
B Y G E F Z M O W B E Z K B T D E N G B V H N
B M E R E R F C K E B O R D R A W I F A A B J
M E D J F Z X O E R E T A E W S P O R C K E X
```

MOONLIGHT	GOLDEN	RHYME
CROPSWEATER	BANSHEE	MAPLE
HERO	LIGHTWEIGHT	GATHER
VOTE	MIND	BREATHABLE
CAULDRON	MARSHMALLOW	VEILED
WARDROBE	CAST	DESCENDANTS
CONFUSE	RESURRECT	SHARE
KILT	SWEATSHIRT	OFFICE

Puzzle # 39

```
X S Z R E N P F S V D Q E Z S W W W U M Y V Z
V N Q V H G E H F L O R A L S C D W H G P Z F
S E R K V J N J M F F H B S I P S B Y W E M B
I G I A L S M Z T W S S Q E S C B A P I E E D
P B Z D P U I A N C I E N T R N E G I D R S Q
V B L C D L R O W W E N U E Y U J T I M C O V
K A O Q N Q G A G A I O S I Y T E J X W X M O
T D P Q K P X N A W I I R Z F R N U K H O K G
I G S A E A N F T Z L L O K S A N N E I S C U
R E G K E E L S H I C F A S W C W W D R C Z I
I N A K L I S T E V I R O G U R A N O L Q Y S
P F V T M B L N R K A A N G E V U K G J P T H
S Q Y G W Q T M I L S F A W G R L R E W A A K
I N W O E R Q U N R O H O D K Y C E F M F E R
Y Z L F Z K L L G C M O K P H V D D G M A H A
V P H I F A C M Q R L C U M R I M I O D N W K
U D E R E T T U L C N U N F U M N T L Z C G D
H T H G I L H S A L F W V M H E Q L W C Y W F
```

FOGGY	GATHERING	REGALIA
SILK	SPIRIT	NEWWORLD
WHEAT	FLORALS	CREEPY
RED	PLOW	UNCLUTTERED
GRIM	WOOL	FANCY
SIENNA	MOSAIC	ANCIENT
ENIGMA	RESILIENT	FLASHLIGHT
BADGE	SLEEK	VOGUISH

Puzzle # 40

```
O L J O W Y Q Y T U X B E E N I P S T L I Z V
A V O U C B M W J I U B H H E A L W I Q M H F
F B W G U G P O D M A F L F G S E K F D I V L
L A N C S D R S T N C A T R P K E I U T Y H O
O W F C T X Y I S A T G E K I E H I W K D C O
C W D W O F K H N Q N E Y N E R H B N Z V N H
A A V R M L E C N N A T Y R U G V E B B K C
W I S U D E I O G O I A H Y X T I Q R S E X S
O P T R O L L M I N E N R Q S X H A E P X D D
N O G F P Q K P K B W F G K H E G R C M I R L
O C C V U L V O E F B F Y W H T Q U X Z G A O
I U D A A L M S E T M I O O D V L S M J B C L
T N F W S V W E L H I E K T N A N E V E R V E
U R J X Y H V M S S X N Z K D R R Z O F H F H
L O Z U J S M L M O G D O J S D L E W R B R W
O C O C R E Q E H L I O T C F K K M R Q O O Q
S Z J P M D T X R V Q J M U T N F H Z P S I Z
D Q P Z Q O G P I E G W D W Y K O O P S A M X
```

SPOOKY	CORNUCOPIA	ODES
CASHMERE	BANSHEE	PIONEER
GARB	SLEEK	FIEND
ANATOMY	SOW	HIGH-HEEL
REVENANT	GRINNING	FIT
TEXTURE	SPINE	CUSTOM
SOLUTION	OLD-SCHOOL	TROLL
COMPOSE	SOLVE	BEATNIK

Puzzle # 41

O W I L E V F A G U N U M U R D N U N O C F X
X E L T S U R K V E R N Y A Z S J E W K Q U G
P U G Q Q L Q D D E X P J F D L R K L L I L I
Y S I Z A R E H Z O C X P C H K A O F P A E T
G N P G M T C R A N O P I R U P E X M Z A H I
O Y X L M N H R C N M B B V T I F K J A J T X
L U E R E T S N O M F Y L T S A H G V R Q R S
O U J R E C Q A X C O A F E V L H X C H H G Y
H E T Z T O S T M I R T A Q F U G R E M M I S
T Y H U S M F T Z R T U B L Q M E L L O W M H
Y F Q Y E F A I E D A L A W A I B N H S U B R
M W A W Z O Z C A M B A C C I T L E C I S P I
F U E D Q R V R G U L C Q I X Z O S N T E M F
K L A B E T K B E H E M O T H I S A U U O R H
S Q A W H N P C G R W R F G M L R Q L J Y A I
G F H R E N W I O H Q W J W E C G O M K A M Q
K L M S E C I V Z D O L S E Z V T G K B K C Z
Z A S V P D V M U Z S A H S T A L L S G L X I

MONSTER	BEHEMOTH	MYTHOLOGY
TRIM	DARKNESS	RUSTLE
STALLS	COMFORT	GHASTLY
CRANIUM	CONUNDRUM	FAB
SIMMER	STAPLE	FLARED
MELLOW	ATTIC	ESTEEM
COMFORTABLE	ERA	FEAR
CELTIC	TRENCH	HEELS

Puzzle # 42

```
Q N X U D Z S D X E D U O T O N E A V X X T N
C E A D K Z E X N R J Q W G V A A A L O F I H
B V N D I T P Q Y C E L T I C I L J B U A F Z
R O X Z T U S Y P S H A P E P C G N K R H N G
X W W I Z D S X B S M Q P V Z I Z R N M O R N
L W F Z C I Q E E J E X P E C T A T I O N E W
H B L W U U Y Y A G U R W W C R T J S B H D R
E E C O N J F C N C L Z T G B O R O C R A O Y
U Y Q T I N H F I K V O V W N M A Y R V D M D
D G P U F L H V E H U N V U G C N G P L E A T
W O E V O U V H T D T B E E X L S Z G N A G I
F A S O R S G Y W P Q H R C S K P E O R A E J
Q G T K M V Z R C R K B K B K F A E T V X G O
Y O U T E E O N P M U L P W I A R H H Y F N D
W P R B D P T B T B J G P L J D E U I J I E N
U K D M A M U R E P T M K V U Y N E C K W U P
N N Y V M J A M I C L Q R D P K T S K F R U F
O S A J S Z I P I C G O N O I T I R A P P A I
```

APPARITION	SHAPE	FITTED
WOVEN	TRANSPARENT	CELTIC
CUFFED	MODERN-FIT	VAPOR
PLEAT	STURDY	BEANIE
GOTHIC	JOY	GEOMETRIC
GLOVES	MORTICIAN	PUZZLE
HUES	UNIFORMED	PLUMP
V-NECK	DUO-TONE	EXPECTATION

Puzzle # 43

E O O O V R U B O X Y C A R D I G A N R E T X
J A D M A L E B S A Q C E E I B Y O P A R K A
E V N G A L E S W A X I M P A W C O P K Z P M
R I G A G F E N D N C A S T L E N V N H P L E
A E F M A N R Z E I E I T N D V A E W Z V D E
D L G D K R A E W T I N K O S R F R O S O Y Q
Z W X R W G E L D A M J N W Y L N S L V L E R
X V A X K L G R A P J W J I P O H I L O T E M
S D J E T H K S P I N E W G I R R Z E R P M L
L O O S E K N I T P I K H T N O U E Y E H B D
O T U X Q N J H W E O A A G L X D D E O E A V
F R I L L S D U K F M X C O U R D K T B O G F
T T F K A I I O B M A B C T V O T Y W V F G Z
W K W V J O S D I L Q D L V Y P T K I S P Y Z
U R J L U Q H B E M I N S E Y J B N C K Z X P
Z D V T X F F R R L P L P R M O C U Z V L M Z
D N K L I U Y I O D A M C B X R Y H J J P U G
X M E T E F M S X L S N Q P L V K C F O U A U

DARKNESS	YELLOW	CHUNKY
CASTLE	RAGGED	EMBLEM
OVERSIZED	PARKA	CRYPTKEEPER
DISH	LOOSE-KNIT	BOXY
SPINE	FANCY	TOUGH
SOLID-COLOR	OAK	CARDIGAN
PATINA	FRILLS	RUSTLE
KNITWEAR	RELAXATION	BAGGY

Puzzle # 44

```
P B V E E O N X Q T Q F Q F C R J Q G D H A W
L E I M W L M V N E U V T M H K Z O Q S O H S
B L C I I Z L E F T O V E R D E N O D N A B A K
J B T E B O H R T T S Q S I C Y S A E B C C O
W B O K X T U G K B Q L S T E K E X B C Q M P
N O R E A S L I M F I T S P U G G N Q M E D E
F G I X R C A D M I R E Q O Y Q M E R G A M S
A O A G E N G N I D D U B N L A Y R S L B E P
Y J N G H W B F L B U C K L E D V U C O S U G
P A E H T U E S I A R P L O S E B P S U V D V
X H P Z A S A O S U M R E A O T W S M E W Q H
F P I I G J M N Q P L T K B L O E O B G Q P U
K S U S L V N I X I E R X E O D K B L P C F E
A V I R T G P V E G I E M F D R M F H L M M D
M E X H I O R U J I H B I G E R D O C P A Z I
O K S S O B R I U F M M L I H W E R R A S H L
Y L I O B X S Y M V X O G M A J H S A O A S G
T N A H C N E X F D R B X U T X C C S W B V I
```

HALLOWEEN	LEFTOVER	DRESS
WARDROBE	GATHER	PILGRIM
BOMBER	VICTORIAN	ENCHANT
PRAISE	SLIM-FIT	PURE
BOIL	HISTORY	SUBTLE
EASY	ABANDONED	MUSES
BUCKLE	HUED	GOBBLE
ADMIRE	BUDDING	EMBOSSED

Puzzle # 45

A A L R F M D D S H T S O P H I S T I C A T E
M Q E F S F U F F U R F L C B S Z G D Y R A U
P T B X M Z X P I T E O O O C E Y U C R B S O
A R I X W B D O Z T N R C W O M D N R Y S T O
G C Y A C E D T B T D A H L E W Q S I F D G M
D E B Y K J Q O I L Y R G N X Z U X S A E E U
Y N F M G A O C E R U P Z E G G Y M P S M Z S
U T L H A T K E B F W Z H C L V S T R N N N K
E U A V H Y U M S A V O M K V E T D G R P O E
Q R N D E A F X D D L Y P J Y H Q R E U D R T
U Y N Q E L E L W P B W N G E U G T C B Y B Z
Y D E F I N E D O O O H O X L P T T U H Y P I
S P L M V E J E R W H L P R F A O R B Z U W Z
F Q A N Z Q V R C K E F I C P K Z I T F W W X
G U J T O M B Q W Y M R L M I T Z P L W W L U
W V B H O V S Z R E I U S D C B R W W I E U F
C N C Q O T C A R W A V B N T H N E O G Y E I
A E H C F W S W L Q N G H O S T W Q H V R J D

GHOST	CRISP	TWEED
BOHEMIAN	HOWL	CROWDS
ELEGANT	CENTURY	DECAY
BURNS	SLIP-ON	PURE
TOMB	PATTERN	SNUG
DEFINED	MAYFLOWER	BOOTH
SOPHISTICATE	FLANNEL	MUSKET
TRENDY	BRONZE	COWL-NECK

Puzzle # 46

H C U F N M O O N L I G H T N M V B C V C G K
V O I M Q S T A L F K M E P X F Z K G S B G O
A A F R E C N E R E V E R G O W K Z N S Z T K
V F D F Y H C L Q I B X D G F E I M I L B U U
U M F G A L B E Q W J A V V N W T A R Q B Y U
A S H C S F R T X U Z X J K Y Y X F E Y E X P
Q Z C E Q G G S I F B P A J F S O Q Y B A C A
M S U A P C S A U I E O N H E A D Y A D N G S
N O I S E S H P Q Y L A A K K U H C L B I X T
Y I X D A Z S U V C B B I E W K Z P H L E U F
V H W V S G D P N J Z X C G A I G G I D S H L
C C R P M I S T Y K Y F I A A L W J B G G Z R
V V L E Z N O R B W Y S T C E U A D P N N R O
A L P A T Y B S Q E Q L R B Z Z S O G A I I A
R U H K S T O J D B E Q O I B L I A R F G U S
C G Z F G S Z T G F K O M R V W D E Y L G I T
J I G G W F Y P X X C T I F M I L S O S E I L
I E Q H G D K U O E N D V H E A L C A Z L R I

MOONLIGHT	ROAST	LYRIC
BRONZE	CLOAK	SAUTÉ
CHUNKY	HEADY	MISTY
REVERENCE	SLIM-FIT	BEANIE
MORTICIAN	RIBCAGE	PASTEL
CLASSY	NOISES	PAST
CHUKKA	LEGGINGS	FANG
POET	LAYERING	FLATS

Puzzle # 47

N V J T P J C Q R M B C N R N W R I X O U C S
S J I Y S W M Q P I H S N I K L S I U Z Q U Y
N O B R R S U X M B B E A T T O C A R R E T T
T N N E M M R P L R E B Z C C O L O N Y O B L
C U Q V J O D G Q F A I F N U T I N B S Y O E
F U W A W K N X P R Q B B Q O O F S K A A T A
H R L R F Y U S H D H A L M M R X T L H G T I
L F L B T R N H X F G G R S O V B A K Z T O R
C L V Z F T O L Q C V G A T Q Z M N A M J M L
A K Z I K I C F J T Q Y J I S I C Z C L U U K
R H A N I M H S A P H K P R N Z R A X B M N X
D U D O Q T C A G L T V R I M Z R N I R P E P
I M R O J F O I L S J Q M X L S C H X K E K D
G G D R L X R I M R I P C X N I P W G I R R N
A H O A W I N L A C E U P N P E R I C H I U F
N A R M Q N G I C O F B G D C O M G H E A Z B
P F N J T U Q H D F U S B X V L X O W W Q V D
Z M N S G I T E T T G A O W M Z O R Q Y W X F

ZOMBIE	CORN	CARDIGAN
TERRACOTTA	OMEN	FUN
JUMPER	MAROON	WEIRD
KINSHIP	PASHMINA	BRONZE
STIR	STANZA	RICH
LIGHT	SMOKY	BRAVERY
LACE-UP	MINIMAL	COLONY
CONUNDRUM	BOTTOM	BAGGY

Puzzle # 48

```
X U M A T J H H Q S T R E A M E R S Q J Q E V
B D R C U C D K A M J Z U E E L W W G F S Z G
U P A T N D E M M I R T F G Z L N D X J J B K
V W W A N O V K V Y A I E V Y L B T K D Y F O
H O R Y P W L E R A L F E O Y G B A K V D S A
A B A J R S E S I O N E H D T V O Y G R T T X
L B D I S T R E S S E D S D A S T H S G T U L
D M D H Y R I D E Y C E N H N R A C C G Y R L
P W P N R Z X L T A A H A L T E B O S N I D W
E R K K O F O N S I Y S B R Q X R S R B O Y C
K A R O N A A C B X K U J V D J U T D P Z P S
H R C U U L A T P G S R L U M B E R J A C K S
G B N Q W D A Z S R Y C L S E I Z B B B E H P Q
G Y G V E B H P W L A Y E R A B L E Z C L H I
M U C R E A T I V E I F D H H M N N T O D W H
R E M I N I S C E U W Z X L V J O S W H P M T
A G L J G D X L J L Q K Z E R R U O T X C C Y
B F H R L G Y Q E E V L D B B V C H P G L Y I
```

BANSHEE	REMINISCE	LAYERABLE
TREND	NOISES	PLOW
CASCADE	BRONZE	COZY
RIDE	FLARE	ANORAK
ROAST	ACT	DISTRESSED
CRUSHED	BRANCH	PONCHO
STURDY	LUMBERJACK	STREAMERS
TRIMMED	CREATIVE	BAGGY

Puzzle # 49

```
F O Y G E O E O R K T H E M E Q B F G C P S Q
N T G L S T R E E T S T Y L E O P A N N E I S
N B Q Y L K I N T A E B M H V U Q Z S A S S E
L O N G L I N E N C J L Q N Z L V B W P A S X
Q Y F B T A L F N O Q S B Z J O Z B M G J W N
N K S A M G D H Q Y V C L S Z U J M A D R A S
K U K F S N S U Q G S E H Z O T T E O G D X C
V Z J I K I R V J C U X M S T A N Z A L L U I
Y T G B R L G T G H H Y I B G H V I Z O L Q G
O O Y O O D R K O B V F W Z E K A R S O I T O
Y B D H W R U Y W F M T O S U R M P T M G L L
H E O E E U N Y L B A N O I H S A F S Y H O S
O I A M R C G S E L Y T S H U D J J E J T Y T
W H J I I D E F O I X F I K Q N W A U W N E Y
C T R A F O Q I G W R S R H Z P N V G N E A R
L L G N W O E C N A L A B Z H P L U S H S J G
I X V D G L Y Z K G Q P R O D U C E G C S N A
N O W R P B F S W U Z W I K S S G U K G C Y Y
```

MASK	FIREWORKS	PLUSH
FASHIONABLY	BLOODCURDLING	PRIZE
STREET-STYLE	BOHEMIAN	GUESTS
THEME	GRUNGE	STYLES
NOVEMBER	PUZZLE	BALANCE
BEATNIK	STANZA	LOGIC
LIGHTNESS	MADRAS	PRODUCE
GLOOMY	SIENNA	LONGLINE

Puzzle # 50

```
W O K J A E G F G X E K Y S Z H R E N L D W H
Y N G S F Z V M I R T D E L O N G A T E D W W
L C O R I H G F E N Y R P P S Y E Y Z U A G M
P O R C E S C P M U L E A G M W U M S G J K B
T I J A L R L A L Z E A Z V O M D J T S N L S
T I D U D V P O U R V D A U J O K A I S O F I
W N A I C I T R O M I L H S I D O M T O R L L
Z U M E H C P Q G S L W X S I U I U R F N B G
H A H X G S P I Q F E C P Y M L J V E T M I W
A S C E W A J W R G Z K N U F A D C A N A C G
V D A C P O T U Y W Q X N A G T F N T E R E X
B L J M E H C N M J F L R I Q E R T A S B N N
D B N S R N F L I P U M W U T X E B L S G P R
D E R A L F T D A V D N A L H G I H I O U Q T
R S O U D L Y P Z S W F U C K D D A E Y M R G
O E C A L P E R I F S P P D A D P U N M C Y L
U W K M S O G H F X X I S J M Y T H O L O G Y
Y L O B M Y S W M N D Q E I Y N D D Z Q D I J
```

DREAD	JUMP	FARM
ACCENT	MORTICIAN	LIVELY
TREAT	GLOSSY	FIELD
LASSIE	FLARED	MODISH
CROP	HIGHLAND	LOOSE-KNIT
MODULATE	ALIEN	SYMBOL
VINTAGE	ELONGATED	FIREPLACE
MYTHOLOGY	TRIM	SOFTNESS

Puzzle # 51

```
V N U G J I O E S S Q H K G K T B R S W U B H
C G I M L P M L O C G S H N B E L Y G Y J J C
L Z Q I I T W B P V H F C O M K L L C R W B B
G O O E I R W A H C V E L D G N Y H M R A H P
L B U L C Y I C I K M G M N Y A U H V L F I K
D X R E L I P C S L V F U I U L D O M I T P N
E E H U U C U E T E O V Q C N B P C X E G I R
X B R D E Y H P I O P W S B L G K O K H O N U
P W C E U R Q M C X L A H R I X C Y S O R T W
E Z C A K U C I A U U T N E N Q E N S U G E Q
R F G Y W C S A T O T J A H E Y N B B N E R Z
I L S A Q X E F E N U C M K D L E B H D O W L
M P R Y Y T A H D P A F S P B A L L Q S U O M
E M I Q J M F J C O B A T Z U R T C E T S V W
N D S P I S T Y L E S F O D Y N R C C O P E Z
T Y L L O O W T H S M Z C Y Z B U D P O W N L
A X Y B M T R O H S F K S Q D H T R L T D C W
L A N O I T I D A R T M U I M E R P M H U I R
```

BOIL	GRAIN	SOPHISTICATED
SHORT	FAMILY	CLUE
LOW-HEEL	GORGEOUS	PILE
TURTLENECK	EXPERIMENTAL	STYLES
BLANKET	WARM	INTERWOVEN
PREMIUM	TRADITIONAL	WOOLLY
SCHEMING	IMPECCABLE	SCOTSMAN
LINED	HOUNDSTOOTH	CHECKERED

Puzzle # 52

```
Z F N T G P H J S S E N R E D L I W O Z V R A
B H G H S B A L L A D E Q T D M Z I I C N I D
Q Q N D R K E P J J S R M F W V Q H P R A Q K
W V P T Q R Y A V T O U G K X G E T A E T Y M
R A Q W P X P E X O R B N R K W H V S W U R T
R Y G U I A A R T B N Z I L J Q V I S N R T F
B D X D L Q S P A A N Y W R Y A R Y E E A G C
N X W R G G I N N A E C O E I X Y X S C L S E
A F C U R R E N T E N H L L C E L G S K L I M
J T K R I B L O D R E K F I H W R A A S Y B O
S J V S M Y Q L N N W R D V E A L U R K L P U
A R W T A J M D W E I D G E G V N O T E Y P C
X Q P H G V R S O I D P V D P G O J G L T P O
W K Q A E G S C C L V C H A L L E N G E U A A
S M C D Y Y N H C A C U R O O M Y W H T Z C L
I D S E O W Q O U T Z F Z R O Z B R Y A N L V
Z B A M W Q S O M V I N E H M T G X B L N H B
D F F G Y D O L E M Z N W D E D I R H K O A L
```

VINE	SKELETAL	CHALLENGE
CURRENT	ALIEN	MELODY
CREWNECK	OLD-SCHOOL	PILGRIMAGE
BALLAD	PASTEL	RELIVED
OCEAN	GREEN	LATERAL
URBANE	WILDERNESS	REAP
ASSESS	FLOWING	CULTURE
RIDE	NATURALLY	ROOMY

Puzzle # 53

```
V I W D J B R R S G G X H M N M T T M M T P U
S E I T E I R A V L H N G O Z O D H J O F E L
V Q E L I P K K O T S L I Q K L Z A R H Y N Z
K J N Y C G W O A B P P J W N N T N E I D A T
W R W B J A S U A D L E J I O H Z D T P M B O
T Z B B H E C E Y P J A U E R L I K S Y C O C
H Y N L C W S C A R E D R E J A F N A N D O B
D R E R O S Q Z W Y U I S U B S R I M R S T G
R O V S W O P S I R C H C M T B B T W C B H K
L N E R S S D Q L K Z O O E A L B G E Y R E E
L A E E H E P C U F F W Z L D W U R R L R C O
R A L L B P N O U Q I E Y M F N K C B I R M N
O Q S I P M I T R R E T A C I R T N I A B A K
R A G V B U I V F T D E O B N V O S N R O X P
M A N E A E S P R O C L R I I Z N I E S F M M
W M O D S Q F V R N S O I Q B Z U E R Y U H H
U E L P C E M E T E R Y A N K M S Y C B R U Q
C Q P V A R K Z U P X W D T G N J G W K B C M
```

SCARE	CRISP	BOOTH
RELIVED	BLOODCURDLING	PILE
V-NECK	SPORTCOAT	CORPSE
CEMETERY	INTRICATE	FLOWING
BREWMASTER	CRANIUM	HAND-KNIT
SOFTNESS	BUMP	CULTURAL
OMBRE	LOOSE	COZY
THRESH	VARIETIES	LONG-SLEEVE

Puzzle # 54

X V B S J N E Y A W L L A H J H N N F R C O P
F W N Y R B V F O O R P R E T A W A N I T A P
A W J K R A L R Y C Q G E E W X P H S G P X L
M N A A M R G T L D H B S R E B Y U A A N E V
W Y N P R T N H A Y A E W O U C C R P Q K G J
H C I Z I E K A O L Q E C I Q T H S H Q A S M
H R E V C A J K C M V I R K X P L M Q D G Z X
E P M C P S M B R U R O Q R E U R U G P R N S
E N A E K E I J A P R F M V E D Q E C Y A V F
F X N T N A Z C H T Y J M E S T T T A V T Q M
H Y B S S A E M C G W R K H N H N A N Z I U K
D A H Q T I C R G W W E H R M L S I Y Q T D G
M U N H O M A I C Z E H A U O Y A L W O U I N
P F Y D O I T W N A D Z K J R K D E G P D T Q
T J A N M X P T H G R L I V B N T Z M A E Q D
I J E E X A J H Z G T A D F I N E X B T Q A Y
F O N K X X D Z P C I U N R D F P S N V A A B
Y C R K I U Q E W I C H O R U N E S N T X O S

VAMPIRE	HALLWAY	TEASE
WATERPROOF	OMEN	GRATITUDE
HANDMADE	CHECKED	MORBID
BRANCH	WINTER-READY	KHAKI
MENACING	CULTURE	ARAN
CHARCOAL	MIX	OATMEAL
PATINA	GADGET	CREAK
RUNES	ACCENT	HIGH-WAIST

Puzzle # 55

```
B V B Q X L G F H H N H N O M A J X A S S Y G
V G S U A P W A O A U M N X L E C P R W T K C
V M C I V C F Q T E L B A H T A E R B E R U U
A V X D L R I G S M N B A P O E U L A B O W S
F N A R R A T I V E K G R S E T U V Y H N P R
T I X Q G Y M E A N D S E I T E I R A V G J J
Y B N I G O B U V H D S X H A A E S L E H C K
R M S D X O L U I F X J T U C T O O B G O R X
X V H A O P E R T M I B H P I K M G L T L C Z
L Y Y V U P R I F O E M L C R Z R P D I D B R
B P T Z Q D O A Z A D R E E T D U S T Y G Z J
K X Z S I L H H H S S F P M N K K B R I J H V
Y L P C U T S O X F X I X P I Q D Z I I U R T
E Q W D O G C M R A S S E M B L Y R K Z X Y P
G F Q S A T E E N N M O D I S H Z U A P E F P
C F A L E Z A O S C O G D Q T K U E H V T H Y
D W Z R E X C I T E M E N T T C A Q K W I D E
Q R J Q M V N U D F P L K Y P C C T E R R O R
```

TERROR	FARM	BREATHABLE
VARIETIES	SHORE	ACT
DUSTY	KHAKI	GUSTY
PUZZLE	BOOTCUT	LIGHT
EXCITEMENT	FIND	CHELSEA
PREMIUM	NARRATIVE	MOHAIR
MODISH	ASSEMBLY	STRONGHOLD
INTRICATE	WIDE	SATEEN

Puzzle # 56

```
Z W I S L L Q X D E P U L Y G L Q Z I M I R O
I I F B G Y A L A K E Z K F O O A G Q N E O Y
G O G F A R U F L F T B I E B R O V S Q C R Y
K G U X X I B Q H G U L F T B E E U I U J R O
U T S S U C O F I R I O D Z L P L E B V H O C
V W L O W I I L G V Z E W G E A B C P G R H G
A U R U B S L E B R H V F N T E K I W R Y U X
H S I C X I O G Y S H P Z I D M P O J O F F S
H I W O O N Y N I Q C N N F S U O J N U M M X
Y F S C I P K N Z R O G T S L T B E Q N O I U
A H W N E L I H C N A R B W E S U R J D C G Q
P X G F U F U M N K T A J J N O H O L I D A Y
X O F J N S O W M H E W C G D C I K B Q D P Y
L Z M T X U G F R X I L R J E I Z C I B U K D
H T J S N C E L E B R A T E R E S T I T C H D
I M O O L R I E H C W T L S S E L E V E E L S
M P S P Q X I R V K G I N G H A M W L K W Z K
Z I B V T N E M T S E V N I E R A C S N H R T
```

SCARE	BRANCH	LORE
FINISHED	HORROR	HOLIDAY
STITCH	GINGHAM	BOIL
COSTUME	SLEEVELESS	GROUND
SWIRL	CELEBRATE	COMFY
BURGEONING	GOBBLE	REJOICE
HEIRLOOM	INSULATING	SURVIVAL
LYRICIST	INVESTMENT	SLENDER

Puzzle # 57

K E H C B C I V T F L R F X T H N R K D L T I
X X Y H A Q E S R A J T V Y X E X Y E C L Q G
P M O R K T E Z O N O I T A R E P O O C I G D
L R P X J T Y T F G C R O S S B O N E T W H L
X E Q X I Z B Q M E T I T V I I F N N F E V T
T I K O O L E R O D M E C R X O L E Y C X O D
F E C T O A I G C N N U A W D G I A K V D M K
E D P A P P A R I T I O N L C C K C Y J G V Y
Z E T B Z S B O U N C Y O I N S P I R E D E E
N R R F P R M W X I V B S A E F L N N T R U P
N E K O C T S M S C I M M O B V S N S T P E N
V P O X F O R D S Y Y L L A R U T A N H S U D
P P R C T H G I L N O O M Q N S U M M E R M A
G I J F U Q K Y N C Y K N K V H Q O I N S U D
H Z U O D W H D E D A M D N A H B N K C O W M
G E W B C D E H S I N I F S R O T S E C N A I
U C K W I M P E C C A B L E N T H Z I A T C V
S W Y O Q Q T C E T A L O C O H C U L S W V R

MOONLIGHT	CROSSBONE	CINNAMON
NATURALLY	APPARITION	ANCIENT
BOLD	INSPIRED	FANGED
ZIPPERED	FINISHED	RELOOK
COOPERATION	HANDMADE	COMFORT
IMPECCABLE	CARPET	LAYERED
SUMMER	BOUNCY	ANCESTORS
THICK	CHOCOLATE	OXFORDS

Puzzle # 58

```
Y P C U G L P J Z B W X B J O I V B R S Z T E
P H P F K I A F A Q S A R C J J F G M E R L S
V C R P Y E S H E T Y K B W C N I H N S O V C
E Z K D D Z H X J L A V I V R U S H F U Z Q U
E I I L N N M U E Y Q P D D T F O S L M B G R
C C E I E O I P O A U C S C S Q O G T E D I W
R U K N R R N Z T R G A O Z U I Q W O T C N C
E L O T T B A X E S N A V E L V E T Z N T S Y
A I E R O L A V M S T A T P Y R C B T A O S F
S N X I Y C O N T B R K V F E K D L E M A R S
E A Q G U C Q V M M Z D U I Y O O O V S S G M
D R A U M H U X J N H O M E G J U C S T T K D
X Y J E N P V A F N R C Y G S A X K V O I H P
E N O W E S D D X V K U P J C L T H V C N D B
J C T J H J T N I Q S M V Y O B B E Z S G O G
T Q F O N Z E G P L U T L G W L F E H U E I V
B A G L Z E G L X L O F J T I U U L W R F X N
K Y N R P H G U P G P S Q K C E N L W O C T X
```

CRYPT	TOASTING	SOFT
BRONZE	PLUMP	MUSES
TRENDY	COAT	ENJOY
SCOTSMAN	PASHMINA	COVER-UP
HOME	CULINARY	SOLID
VELVET	NAVIGATE	VALOR
BLOCK-HEEL	CREASED	SURVIVAL
INTRIGUE	WIDE	COWL-NECK

Puzzle # 59

```
S D S M F N F F H N G H A F Z D M B O O C X Q
D Y X U O I R D S M O P E H O Q W P R H Q E A
R E F W O R M L P N R E U U S S B O W G U S G
Y W M W B R M V O A I Z N D A L L A B L P T D
N V T R Y J T R H C F L I B G B X A B Z Y R T
M G A U O P V S K G J U T I Y E K J O S B E W
E L Q E Z F Z U N R M Q E V T R E S S E D E S
N Z W Z L U I I C O O B S V A S L V N S K T J
O D B D A P M N B N M E H P K N I T T E D S O
T A A Q I L A Y U U I S A O E L E V A T E T O
D D U C A L N T U S O W D Q H S Z P B Y X Y P
E P Q C Q F U R S I Q T E T N E T A P E L L V
T O C I X E M A Y D T P S H C D F X R F S E P
U Y W I N H L K T V O K Z S L J F L C Y A F N
M B Y A R V K C A A P W W O L P S J E F H I Q
S H D B F Z J W K Z L I G B A F R P E E R R R
Y F A V A N T G A R D E N C E J O T F S C S P
M D S N V V E H B O D G W Y U T U Z P Q A E F
```

MONSTROUS	BALLAD	KNITTED
MUTED-TONE	DESSERT	STAPLE
FUR	SHADES	MEXICO
HARP	PATENT	CALMING
HONOR	PLOW	STREET-STYLE
PARKA	UNITE	FAIR
ELEVATE	AVANT-GARDE	LASSIE
FLEECE	TOP	UNIFORMED

Puzzle # 60

S N P S M S E A L I E N U A W W G E H E X D S
H K Y E N S R O F K N W P C U Y Q E J P T P B
A R K Y N E B A A R A U H L V K Z N L Z Q G N
D L K G N L A J Y T E M G N I G R E M X N D E
O W N G M W C O C P B T A A Q N N E P P F K T
W U S U L A A E F Y S J A I F U D B I A A C H
Y M X Y U L M F I R W X M E L Z A T Z X F R G
I Y E U D F C Y R C U X D I W H X Z Z P L A I
H S R A E Y R E T S E Y R K F S L W W A Y T R
F S Q K B E L T E D D L O H G N O R T S Z D F
Y V C W G Z J Y H A H E N Q P M Z L M K I W Y
H K A X Z S N S Y L E E H W O L G A E O F L B H
S T R I D E B W D J L R S I K N J Y D H I F I
G G Y U H D I O B D X T K D T H S F U T V Z A
L E N M M L O Q W B A D W I S I M P L E F P Q
O T L Q A O W Z F P T O C Z E G Z D A L Z B T
Y N W O D G M P L O K W S U O Y O J R X V E S
U P J G L I M E N J Q N S R R J T Q F A G X N

CRYPT	GOLDEN	MURKY
MODULAR	FRIGHTEN	ATLANTIC
SHADOWY	MERGING	MACABRE
SWEATER	DOWNY	SIMPLE
HEX	JOYOUS	BELTED
YESTERYEARS	MYTH	STAPLE
ZIP	FLAWLESS	ALIEN
STRONGHOLD	LOW-HEEL	DOWN

Puzzle # 61

```
K F W Z C M A C T Z T B R E L I V E L Y D R V
Q L I B J V N N W U S M D N E I F U U H K E B
D V X E X O G F K K A N G E J O N L F U C P C
F J H K V R N K D A R Q K S P B Q D N E P Y
M Y B F D R Z H H E T H G A O S Z F A E S I V
O L C M J E T L I K N T O U G H E L D E U Z Z
D F N W O N K N U Y O Q I Y J H A N G V D A Z
E G E P L N K J C W C A B K J B K J I N U V S
R B L S P X C G N I C A N E M Y X Z A F I J Q
N W J W T G N I M E H C S L T H C L E N E E L
F F A O P I C A B G E S P O E O H F T C Y D R
I F U G R D V X H S L E T N N G S A O Z G T G
T E G X A O R E N J P V W U I U G S F J U L X
G R E N I Y H T R A E M N H X E T I S W I N G
B H A D S N O K I M I D G X Y U J J N Z B O Z
S L Q E E H B N N B R J I Q M M U S G G I D Y
T B D C F B C M P U W G A E V E N D O R S K L
V S F V B G T F M Q A M S A Z W W L E R A G A
```

FIEND	COSTUMES	ZIPPER
EARTHY	MENACING	KILT
TOUGH	FINESSE	FESTIVE
HIGHLAND	BALANCE	RELIVELY
FEAR	VENDOR	CONTRAST
MAC	UNKNOWN	CONUNDRUM
SCHEMING	SWING	PRAISE
VINTAGE	MODERN-FIT	LEGGINGS

Puzzle # 62

```
H N W R Y P K O V L Q G E N I L G N O L A Z X
U U P E M X F B K E T D A Q C B G F Q S E S O
A E L L O O E I G N R S Y U A T R L T B C C B
M V L A T H M Y W T H D M F M I I R I E H X S
U A A X A U L G P E H Q O I G L E Y D G F B Y
S E E A N O I K E R C B I H D A S K S B D T I
T K R T A T M R O T C B T L M G U Q W L A L S
A O E I Q Y U A Q A K E I E A F O A L A K T U
R E H O P T T Y N I N Q R S Z M I I V N X E O
D X T N U M F Y S N L S B U F D R U U T S H E
H D E O E U U D L M X U J F M D E H X E N G G
D O C A P H L L U E I A O N J T T D S R R R R
S W L G Z A T F R N C W M I D S S M D N E N O
O N L L K A P R H T R O X L D U Y I Z U T Z G
G L O O M H O K A P R I N T S E M A C L T T F
Y K M W X Q V K Q E L W Y Y G V C O O D A S J
D K A D Z N G X S D O Y S R A U O A I P P B Y
D Z M H X S H A D O W S L P V L K T Y E S K B
```

BAT	DECAY	OATMEAL
PATTERNS	ETHEREAL	LANTERN
ENTERTAINMENT	MUSTARD	GLOOM
GLOW	COOL	EARTHEN
SHADOWS	INFUSE	RELAXATION
GORGEOUS	FRIGHTEN	ANATOMY
STUDDED	COUTURE	MYSTERIOUS
STREAMERS	PRINTS	LONGLINE

Puzzle # 63

```
X B D T C Y W G A U L T R A S O F T Y S V S S
E X I D X F D M E T A T I C S U S E R T F F E
X S G S F N R X K P E N S E M B L E M Y A Y W
N Q N U U Z A A I L G S I L H O U E T T E L Q
F S I I C B Y U N Y L F T L X G V Y G F W I E
S D T T A W E L S M Y V N Z T Z F C J X D D R
P H Y C M C V D U O D A D O R N H A U I M E N
G D A O P H A U L U C W A K O F G X M P L N B
P R R A B M R A A T Q B Z D C E B E W B O C J
R E I T Y T G T T P A T W C Q L I I N H V S
I P C J X H H B E D G K A P U N B T T B U G Z
M P H D L N C Z D R Q O A M L W A O G O R O V
A O E O D A C I P L E P A P T P N O H A G I C
L C C L J T Y T I T N E D I M E Y A Y X Z Y D
G N Y Y D W N A V E W B S O T I M E L E S S J
H V E W S E V F A F V T C S X U R P C B S S K
U Y Y H R B R U T D J G J T B Y T D E D T C A
S E G Z S I F S B V J A Y M W G P A T K H C L
```

COBWEB	ELDERS	TIMELESS
COPPER	GRAVEYARD	DIGNITY
RICH	SILHOUETTE	OCCULT
TALE	ADORN	RESUSCITATE
PRIMAL	ENSEMBLE	COMPATIBLE
ULTRA-SOFT	PLYMOUTH	IDENTITY
NON-TONE	SUIT-COAT	PAPELPICADO
INSULATED	GRAY	MIDI

Puzzle # 64

M I S D W O R C D S T V E Z X O Z H U G T A R
T S J L N B B O X J U S Z P C M Y N D K I E V
R X G R Y V E A P K B M I B X U B T R R M P M
I S O T I K A Z T A B E R M X P Y J S M C Q I
M Y L R T E N Q G M W R P Z P C B X U O I V D
M M Z E Q C I I D X M I A R Z L N S V Z R J B
E B W N I C E A M X Z N B Q F E E D Q K E F V
D O Q C K M K B D Q B O H M W H Q F F E I M Y
E L H H K A Q Z B K L W C W J M T L X Y C W P
M K Y C R E H P I C E D O G K U B A P K G S K
U S E O F M T D U P E R P L E X U Z E K L A I
Q G O A S U S B S H L C I S Z O G B Z L F O N
J R E T T C A J F D S S E R D R E T A E W S S
H T Y U E I O W F B K H Z W C H O R Z N P M H
Z E O R G B T U O L A S H A D O W S O U W W I
E E M P M C X N A T U R A L L Y C C U L N Y P
E Y B D A C G V W A R D R O B E I Z E D P J A
Q S S K T Z L E H N L D A R K V R P U M U W U

DARK	KINSHIP	MERINO
NATURALLY	SHADOWS	ICON
TRIMMED	SIMPLE	TOAST
SYMBOL	LEATHER	BEANIE
NEWWORLD	PRIZE	WARDROBE
TRENCHCOAT	FROSTY	DECIPHER
SUMMER	BAG	CROWDS
PERPLEX	TOPAZ	SWEATERDRESS

Puzzle # 65

```
A E M F M I H A R M E F K U R S O U L W S J F
S B N A J A R Q N G L E N M M I F I I O H X U
D C J O U S T G H Y L M I W S G W E Y D A C P
D T A N B A D O W B R V H T F Z R X P J R R K
A X T R Q T Z M I O Z U T S K A E T U Z P O O
I E N F V P E T L P N U S R V Y C A G E L W G
D G O Z N E A O H P B P I A A W N I G Z N D F
D C D Y H P C S K C E A N O T I R Q D S Z E U
E M C K M I M L N C M T G D M D N E K E E W D
V J H O T G M T T O G N E A V I B N A Q G B V
I E C L N F W A R A O P N C L U N K N O W N I
T X U I N U C X R T C E U I S S P B A T R M L
I M M E J L C D E W N R O P A C U V Q M E A D
M G I B E O E L I X H P U L Q V R A K Y Y Z Z
I R N T Q J E X J E B L S E S R O T S E C N A
R S E T I K A E T W Q E R P K D J N R W N K U
P H D B S Q M I R X O X B A K B F E H P U Z E
I V A D E N O D N A B A X P D W D Y B J A U P
```

SKELETON	UNKNOWN	SPECTACLE
DENIM	HAUNTED	PRIMITIVE
THINK	COMPATIBLE	BAT
ANCESTORS	WEEKEND	MULTI-COLOR
BONE	PAPELPICADO	PERPLEX
RAIN	CARVE	LEGACY
LAYERED	INGENUOUS	ABANDONED
CROWD	SHARP	AVANT-GARDE

Puzzle # 66

```
L V F F P P H N O J B K L D I V L K V I K J N
R T D U S T Y K D X E E S L Z R C Y Q P V Z S
Z N C O O R D I N A T E D N N L Q Z U P L A N
D E P Y F L E C A I O V R O K E D V C K K I M
M R T Z L S V V S Z S G O I X R U L E Q O W A
M A Q W H I S K Y T O L O S G A H E A O J P N
O P J H Y N U D D F G E Y S J B P E L Y T S F
J S R D U Q A G G M G E E E G J Y R S Y M R H
R N E E A N O R A K G H K R R E M M I S M J F
Z A E M N N N Q W K S W R P K E E S T T C A M
O R M M F M R E U I F O U X X I H F L E P O F
P T E I I M M W O R D L T E D S R E S U O R T
W D R R V C M E I S Q F L A R E D Q W L N P P
V Q G T E T Z L M A C X Y P A Y U B R X H B O
Y W E F Y X L R B O M O T N A H P I R O R B R
G M D T P S Q Z A W R I L T R F E O W F A A P
L N A R R O P S P C X Y R K W H T N R I L L W
G I N E E L Y G F G N C O T I V V Q O C P C E
```

PHANTOM	MEMORY	TRIMMED
SAND	TRANSPARENT	EXPRESSION
FLARED	ANORAK	FOG
POET	DUSTY	REEMERGED
SIMMER	WHISKY	HEIRLOOM
COORDINATED	TURKEY	SPORRAN
LOW-HEEL	FRILLS	BARE
SEEK	STYLE	TROUSERS

Puzzle # 67

```
P C E T D F E L B B O G N E Z Z I C U Y G I B
W O Q E E K F W K O W D L S W R E R X I G D E
H Y C A D R S S S W I N G T A L S E G N U T V
I C M U O U Z L T T S E U Q K L H A S I E O I
B Q U S O U I H I C Z O U N C J A T Z V W Y L
E J T P H X T D N H J F A B X Y D I Y W V K V
R Y U C R Y P T K E E P E R M N O V S C X Y S
N D Z K U F A C D Z D U Y O C N W E Z J S A L
A H E D U E I I E L P G O J D D S S K G U U P
T L I U E D U T B A M L R Q M Z X H J T F C H
E S Z R G V J N B V G S P E C T E R U Y B D M
H T O N T I M A I J M P G R N Q T M O N J U I
M L N S B W R L R V U H A C M Z N J K I T W I
C D R Q A R E T O C E S T I L E T T O B F I K
R P O X E A G A N M X I J B R Z F G S J W M E
Y Y Q H Q P I K S I E I Y K N A P M L W J M Y
B G W W O Z E B L S K H E G S X H J U O K Y E
F Z E Y X V B A B M I J W B I Z A R R E W Y L
```

SPECTER	GOBBLE	DISH
ANKLE	SHADOWS	JOYFUL
LORE	STILETTO	CRYPTKEEPER
ATLANTIC	QUEST	CREATIVE
AUTUMN	WRAP	GLOOMY
BEIGE	GLOW	FROSTY
RIBBED-KNIT	SWING	BIZARRE
HIBERNATE	INTRIGUED	HOODED

Puzzle # 68

S X C C B H P Z Z U B U E V D I C C T Z R O U
W T H S X R D A J F B X H H G Z E H S S O C I
F F U F C E S A X T K G K I E O Q K E E O K R
E H A R V E S T E R P L P U S D N X V O T B U
E D U C D J X F P Q A V I B R A N T R C S O N
P T Y D H Y D Q U V J A Z Z N Y C A S J Y E
U D I Y T O P S I K N Z R V M T P P H W N F S
W O R R A N C V H D P R O L O C D I L O S R X
O V L O L A R O M O Y Z S H O R T W Q O U I W
U D J L R U A Z L D W N E L O O W L C Z G E O
P E B I S D R J B A E F Y A B A R K U V N N U
V N Z A R X X H R K T P Q J C B P Y S G Y D V
O I R T Q R Z F J I J E A C W U X P T S G M B
Z A J Z D B E H V Y G Y B R B B L V O G R D M
E R W C W U H O O E U P S T D E K U M A O Z W
Y G S M M J V R E D D U H S A L Y K W G H R B
O N U D T I A R T R O P O J Y T C P R O N Z M
G I G N O H N L Y I L Z R N H V V W I G N T B

SHUDDER	ROOTS	WARM
BARK	HARVESTER	CUSTOM
WOOLEN	SHORT	HARVEST
RUNES	BOYFRIEND	JAZZ
PORTRAIT	BELT	STURDY
SOLID-COLOR	SURVIVAL	SHOW
NARROW	INGRAINED	VIBRANT
TAILOR	CHOCOLATE	DRAPED

Puzzle # 69

```
X P V K P N W H G D Z M A R S H M A L L O W M
W P U L R W Y U F S S E N R E H T E G O T D G
J E W A W R H T V G G L W L T D E I X T X Y P
Q B W H A F R R B F J E A A J M L I Q V O L Z
O S E A M L E S S I X A R P N L X U S A D L L
M O C B V Q M E B G D T D R E Z I L O B M Y S
R E A S F K U W T U D H R D J T M T J H B Z D
O P K H O E N G P R U E O X I R R D Q M S H I
F T J W J L C R A E Z R B X A C S C I S U Q E
S E S I O R I R O T A D E R P W N Q S T Q P D
N K H W O C L D E N I G M A Z S H E A L A B R
A R A E Q A E Y C L L I U Q K I G N N E O X A
R A D S O Q V W B O Y E L L O W U B D N V K G
T M O U S D R T N U L L W L B J L X E X R Q T
Z I W Q G O A G D P S O D A R K L I N G X H N
Y G Y K E Q C L U Q H B R X N E Y L A V M U A
M U R Y G B M L P W O O N A P M N Q T B W T V
Z D T N A T U M G K O C V L H C K Q V G C Q A
```

BONE	MARSHMALLOW	ENIGMA
WARDROBE	CARVE	WARN
DARKLING	TAN	PREDATOR
SYMBOLIZE	SHADOWY	SAND
MUTANT	QUILL	LEATHER
AVANT-GARDE	TOGETHERNESS	MARKET
SEAMLESS	SOLID-COLOR	YELLOW
TRANSFORM	SHOULDER	FIGURE

Puzzle # 70

```
A Z I R S T R E A M L I N E D E W X C O S N W
X R S T E M S C A R E C R O W L V U P L P A M
D A E R D R L N R Y R L Z H T D Y R U N E E W
M Q R S F T A R T A N P I D F D R B A G X A N
U V O H Q B U T K R E M H T K A L E O E Y U F
W C H K V Z E B K E L I M H A O W Q I C O N S
T F S L M N X X A H C R A I O S I E K P B F W
E E N Z W C O Q J P K Y X D P R R R G Z C R L
X Z E S S E N I F I B H C S N A R E T E V D Y
V S T F B T K C R C Z U L O F G P K V Y G O P
D P U D E L I E V E R K R Q X L E N N A L F L
M O J A C K E T R D L J T Z F C S A I L G V X
G R V K H R O N L A U I P F D B S N H N R L M
D P J O E D E I I Q L H C A I A G L Z K R D D
V G X P A L N U M M W U S A Y C G H U P C M J
C R C R O G K N L O Y R D B T H W D J V E O O
J T S O Q L Y L E V I L Y O I E Y C T M W X Y
H B W L T P L A R O T S A P M N C O F N U V K
```

SCARECROW	VETERANS	PROPS
MODULAR	BLOODCURDLING	LEAF
DECIPHER	FINESSE	DREAD
LIVELY	VEILED	RELICATE
STEM	TARTAN	WOOLEN
OPEN	SHORE	PASTORAL
JACKET	FLANNEL	SAIL
ICON	VERSATILE	STREAMLINED

Puzzle # 71

```
L A U G H T E R C L A E R E H T E Z W M E P B
O D Q J A B Q T C P J V M V D D J P B N Y B P
B L U O N E W Q O F Y F G W E N V J O V Q S K
D W L D E N O D N A B A L T M E A T K A Y R A
N F E Y Y K Z A C G I C A E E Z H R F W Q E O
P A A U O Y J O Y T A T P Y Q T D E R X Z N H
S Z R H W T R O L L I B W V R G M O N A F D C
Q O B V T A V K F C Y W A A M O W P J L T G T
K D E S Z S A H S A A R E R D R X O S T F E E
N B T K W I I U V C R A C P D H T Z R C A D R
K X R K Q K S E N D R M T O M I Y C Z K L E T
D C E R S E J K G E E T E A Q D N J A C O R S
E H V H R S Y R D R C Z G R A I C E U K H U V
J R K S D P A I X E E K M F D N A L H G I H T
C G I S P Z C T R W T T W E D A M D N A H T N
B C R M Y A R N I W F T L E I S L A N D Q E E
H L Y C D U P Y Y N D J I O A J Q Y Z T C Q R
M E B F B A A P D O P S H F P R Q Z E U N V A
```

POLTERGEIST	CIDER	FARMER
NECKWEAR	ETHEREAL	VERTEBRAE
HANDMADE	ERA	FLOAT
NARRATE	FITTED	RESUSCITATED
ABANDONED	HIGHLAND	EARTH-TONE
GABARDINE	TROLL	ADMIRE
YARN	SATIN	LAUGHTER
ISLAND	STRETCH	WORKOUT

Puzzle # 72

```
E Z J K D K M H T M Q I G U N H Z A J A O Z G
K J Z U C F A M S E L Y T S F R M J E V L E P
D G S C N E U S P T L O K H X U B L I P P E G
H K O O O I N E T Q K E M C C A G D K J I R W
Y A C U M H C E I U N S A B B L Y Y W O L F U
J I R E J A W U L C I N N A M O N A N E M O P
E X R M N P W M V T X F R S T R E A M E R S I
A P O E O I R A M S R D M K S T L V H V L A W
N R T O J N T O C I T U D L T N A R B I V C V
S A M T V K Y T Y E K C T D F I R E W O R K S
E L D W Y O A S F A M X A M E E W S D X M E R
I L P K S B R A Y Z X E B D L O G I R A M X X
T E H V T X Q C U S I H T W D Z X R P A S M L
F C L V M U R D N U N O C E L A N U M M O C P
T D X X B G C W D O L W A F R Z G G S L D J A
C O O L T O N E D S H T D U Z Y J Y F O E L R
H M G Z T T X Q B E Z Z K M M U O B M F R T U
B U W M K T X S H X H R W E D K U Z M N V U H
```

OMEN	MARIGOLD	FIREWORKS
JEANS	FUME	CEMETERY
CONUNDRUM	FLOWY	CAST
VIBRANT	DUSKY	SMART
CELLAR	STREAMERS	TURTLENECK
HARMONY	PECAN	COMMUNAL
CINNAMON	STYLES	RED
ICON	COOL-TONED	PREMIUM

Puzzle # 73

D E S S O B M E W T H J Q E F U X T I R X S I
F T S J N J Z Z T Y U H S H R N I K U R H B N
Z A S Y Z U Y O D E A D T Y I K E Z A E A Z V
X C S L L D M N G V W M O A G Z V T A I U Z E
V I T Q T B Y L N U H F J J H I L R W F A K S
Q T D S H O K S I J A P U W T A L F C D H J T
U S B L E N D C M F U F M U E I D Z Y O K J M
I I G A E M X F E C N U P R N R P V C L H R E
L H H X T Y B Q H G T W E G A K Q U D K D D N
T P D B A I G C C V I S R T J A H E M N X U T
E O D M I E C Y S N N N S H F Y U N X W X H I
D S N Y C L F M Q G G U J N P E R P L E X C Z
R P J T E D L O G S M Y Q U A H S T R I P E D
N T U X R D O O M Y M I Q G N I F F O C E J V
N E L K P G W R O H B N K Y Y D O Y G W W C W
Q T P T P B Y N T L B U I Z R E I S S U E D K
K A Y T A N M G N L A M O F J Y Z C O T T O N
Y Z F L T D I S B Y L C K W N D F H E A N D Q

FRIGHTEN	ALTAR	INVESTMENT
SOPHISTICATE	TOMB	YIELD
HEM	MUSTARD	COFFIN
PERPLEX	COTTON	SHEARLING
BLEND	HAUNTING	STRIPED
REISSUED	COZY	JUMPER
FLOWY	EMBOSSED	APPRECIATE
QUILTED	SCHEMING	ROOMY

Puzzle # 74

```
F S S K Q O K Q H J J C N U L A V I P H C H X
U R E C B J A I U F D A J K P R I M I T I V E
N E M V I U N E B D R P R O F E S S I O N A L
O T U P X B L B T O E C H I S V S L A R O L F
I S T R K D Y P U S A L V T K A Q I G W O C W
T A S C N J Z S S M D M R H G L H T R A E H M
U M O A R F F D G A P U A H R A K G L X Q Z Z
L W C P J C F I R E W O R K S C X T W E B V F
O E Q E C P H L Q F A C R C A G Q P E D Q O F
S R G K M W Y E U E I T W O O L E N S A X H K
N B Q Q K A N B C M F X E K C Q H O N I Q T J
A D L E I F F H F K B A Q V K T U K G U W Y I
S R E M O B S E R V E E S K V P L B Y D S K V
C E T E H P S A I X C R R C I E Z V Z X G T U
C R H L T X P K V F X T E J Y B O V V R O Q P
M Q O C W P L H S I D O M D A Q O W N O W B J
I I Q W C J K V O X T M C P Y C H S I N I F A
O N E E D J R G E A K W H H A O K I R A K P T
```

DREAD	HEARTH	SOLUTION
SAFE	FIELD	CALAVERA
WOOLEN	BOXY	CANDLE
COSTUMES	ANKLE	PROFESSIONAL
BREWMASTER	OBSERVE	FLORALS
FINISH	BUMP	FIREWORKS
WAXED	LUMBERJACK	PRIMITIVE
CROWD	MODISH	CHECKERED

Puzzle # 75

```
Y S L G U B P W P T A M Q A I I J N S B E Q R
N C O N R O D A N J L U C E I P O L I S H E D
G Q U T D E N I F E R Y O P R H K R W U Q A F
M I R G A H N D H A N D S F R E E S N P I A Y
D F O F L U E R A T T I C V E E R O L K L O F
J K N P L T Y C S K X F A R I X M B A D K M O
M U R I N T V V I I B L V P Z A Q M O H Q R K
W P P U D R C A L Y P S I R C G G V I N B C A
I C A J J R C U H U E Q P B Y I B P P B E R R
Q H W Y D A E H O M L A Q Z N X R Z I F T O Z
A Z U J V H W Q U H I P N E X Q G Z H N E Q W
M Y R P D S E Q E L T A R D L U R R S W A E F
Q P B G O U R D T I X B P G I N E A N J R C A
I O A J J A J M T N E J S K U K Y W I B H H U
T U N P T F P X E E T R X N K N Q J K M P I K
E U P T T A E R T A R W B O Q O I C C F I L D
F H U H G V L S L G U U C T R W R Z S R X L W
L A R U T L U C Y E O A J C Q N Y S E G Q S C
```

HAUNTED	ATTIC	FOLKLORE
POLISHED	CHILLS	UNKNOWN
TEXTILE	URBAN	GRIM
CRISPY	TREAT	REFINED
BONE	CULTURAL	ENIGMA
SILHOUETTE	GOURD	LINEAGE
ADORN	HEADY	BREW
KINSHIP	KNOT	HANDS-FREE

Puzzle # 76

```
J O N R D W B F U Y L I U N D Z S P E C T R E
O E J R Q L F J E J P E Y E O R R H D H L U S
E R U T L U C L K N E N N Z V I W P R C A C R
O C B U I M P T Q F R I E X A F T X N F E J X
Q R G A O A C E P O L M C A A J V I F U V N G
J N A M M J B E C M P R N Q N V U L D V P U J
I G M M Q A R T G Y T A A L J C O D M A N A T
Y R E W L S J H J S T H D V K W A R V P R T K
V W F A Y R H F S T U C N X Y E C U Y P U T V
A H N E L E R J X E B P U T W D Y M M G L P M
W C M X V P E R B R M J B Q M X E E O E I H I
E U Z P B S V U O I M T A U P Y V F O Z A Q X
N O K L D I E R W O Q Y S G S W P F R U X K J
B T E O C H R A L U K E N N E T T H N T V R E
L Y E R V W E L R S R W V X N J S T S U Q M I
S Z L E C B N S S E N T F O S Q I C S R E U H
L O S M E U C V W C A C G A Y N N B P M N T S
M C T X S K E A F R E P L U G Q X J L I S T N
```

SPECTRE	TRADITION	TEETH
SLEEK	OWL	CORN
ABUNDANCE	FLOWY	MYSTERIOUS
MAPLE	RURAL	BALANCE
CHARM	CULTURE	GAME
SOFTNESS	WHISPERS	REVERENCE
HAUNTING	COZY-TOUCH	EXPLORE
FEMUR	LINED	ROOMY

Puzzle # 77

```
V P T O F I U P A B M Q F Y M S H O N U T T Q
F Y L Q M J B E P A G T T F W C W Z J M C G Y
Q R D Z F W Y E R P U X O Y Z O E X Q R I K X
Y P S I R C T S E R T C E P S T E F Y S N K K
V W M S N P H G K P E H R M A S L N A U S U M
K Q E A L M J S O B A G G Y R M T U H S M T I
G F F R A L T E N F F G H N C A N C T D R O E
F S H L H N X C W V M C T I H N E B S E O D C
S J L J G F X B U R I A L H S O G N N R F Y U
H O N J R E M Q Y H D Z K T M T G L D O T J V
W Z C A B I N L Q K G D O E A T B U F H A Z H
Z T U O C V T E J M K N I T T E D V Q S L D Z
X S T P L S Y G A N R O D A V L C T W C P R R
T I I P A R L H W L Z Q S R J I H A I D A H H
F V K H M E X I C O O L P V Y T D F G X S W K
C A G D F Y S R B S D G W U P S Y V T P W V K
T N E M T S E V N I L X Y Y Y X A H E R O W M E
R T S A V Y F L U F R E E H C A F X B P P E D
```

GHASTLY	CRISPY	FANCY
SAFE	FOG	MARSHMALLOW
CHUNKY	GENTLE	SPECTRE
MEXICO	INVESTMENT	CHEERFUL
BURIAL	GENEALOGY	KNITTED
BAGGY	SHORE	HERO
ADORN	THIN	CABIN
SCOTSMAN	STILETTO	PLATFORMS

Puzzle # 78

```
G O V G A I L Q A W L O R T E R Z R I T U A L
E W B G F C F N K Y K E W Y Q C A U L D R O N
S V O O S V G E S V H U L I N T E R L A C E D
R I E S P L L V R F D R D T M J Z B Y Y R Y J
B T E W S O W P E H N X Y F B I Q N A E L G Q
R J J Y T B M T K S E V S S P U R R Q W P A X
X T N S Q V E T A I C E R P P A S T P H A E H
I E M N T H S O E A Q L P J O I D Z H Y Q Q H
D L O G I R A M N X I T W D Y L L I H C S O I
T M P K W Q G F S V J T A I L O R E D Y I P K
S W E A T S H I R T C L H U K Z H S Q A B N R
P A S S A G E W A Y A I N H D E R E K C E H C
E T W E U R B A N E Z I R A S W M Z Z S R X T
T M P R I S N X L M Q N E Y L V E R T L C T V
P R A C T I C A L U J B I M L Y L E Z H X N M
I K H P V W O L E V I I T A H I L K A O E A C
N X G W I V H P U R I T A N R N O K S A V A K
C B X V A U F Z G K N Q U E O B W E L D W K Y
```

CAULDRON	RITUAL	SUBTLE
RETRO	PASSAGEWAY	LYRIC
TAILORED	INTERLACED	APPRECIATE
GLEAN	STOLE	MELLOW
PURITAN	SOW	TRIM
URBANE	CHILLY	BRAIN
PRACTICAL	CHECKERED	MARIGOLD
SWEATSHIRT	UNIQUE	SNEAKERS

Puzzle # 79

```
L I G H T W E I G H T L E L S I G G A H H A P
A A D H A S M T W T F I D S D F X E G R E M O
Q V I R D Y A D I Z G G X Y L E T H E R E A L
P D M R N M X N L N A F E Y A D D D E T U M B
X E X Y E B K F B S A C P Q Y N K V J C P Z M
B R U S R O T S E C N A X K E N D K O L R F D
A E S P F L M R H U E R C E R T E N X H B B V
O T J X O S B S O R D P D G S S P I R I T T N
T T N K T K Y C N W Q E V U I R V V W H I I Q
J U N F B D T I S X I T H C H P L G Y U N A P
U L Z U N O Z A R G E N O I T O P G N F W N N
C C E I B C K U N W R G H S F S W C U G U O I
F N W E H J L B T B I U H N I W J S M O I V B
E U R A E U E O X X M U Y K R M E I J N B D R
T F J A A X M D A M D I W X M Q M T U T X D N
V I B W R L L K Q K A B O L X L F E E P G E U
D S X I T W B T H A N K F U L A R I H Y X T L
G N H J H S J Y P C R Y P T M V B X W Y L G M
```

CLOAK	THANKFUL	ANCESTORS
KNIT	CRYPT	WINDY
HAGGIS	LIGHTWEIGHT	ETHEREAL
CARPET	ADMIRE	LAYERS
SPIRIT	REUNION	SYMBOLS
UNCLUTTERED	POTION	HEARTH
REAP	MERGE	INFUSE
OFRENDA	OCTOBER	MUTED

Puzzle # 80

```
W N O C Z V X A E T E G D A G V L D D S E V A
R X F I N I S H E D X E V B X X G E R X W K Z
C O B V B K F I G G L S E J J N N N M J C C X
C W H N I R Y O P B H W Y R E G A M I Y H I Y
B C P F T W T B A I I R T S P E L L Q I R L F
O I L K J H T H R L H V Z I D V B S L I P O N
S L D C I V C X D K X U I T I D U L L Q L B K
D E M C E U V E H U F O G O I G I B D E B H C
M D B X O U R E I E O Y S N H N N K F R A B H
O E C T G I I G K W V L A Z G Z T Y Y N P F A
I H H D N N W S D R H M O M H W C W C X V F R
T C W G A I X O O I I N N W R L U Z V S E F C
L Y B E Y B K F G C A B J K H E F Q T R Y F O
U S B R G E J T O Q P L C D Q E F W U J K A A
X P W E B Y B N A F L Y P V R Q E P U W I S L
X R D Q I T Z E F U U M E O J Y D L H E B W B
L I N A P V W S E O M T L M S U H C N E R T U
T K M Z T T B S G Y P R E L C Y C R O T O M J
```

GOTHIC	IMAGERY	CUFFED
BEANIE	PLUMP	PLAID
HEM	PURE	SPELL
BEWILDERING	LOW-HEEL	TOUCHABLE
MIX	TRENCH	SLIP-ON
GADGET	CHILLING	MOTORCYCLE
CHARCOAL	DINAMIC	LEAF
FINISHED	PSYCHEDELIC	SOFTNESS

Puzzle # 1

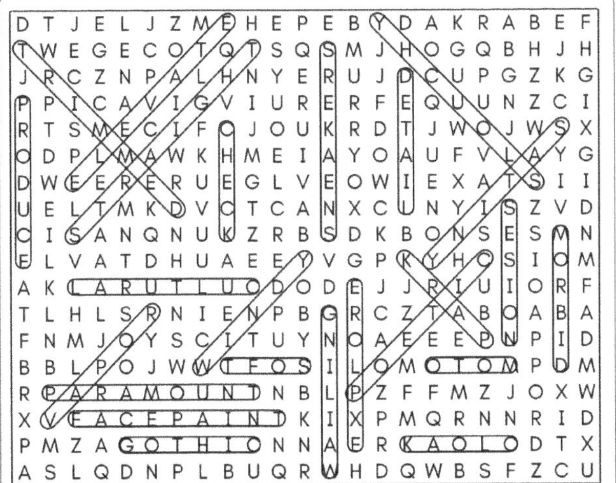

CLOAK	EXPLORE	PRODUCE
ELEVATE	WAILING	WINDY
SOFT	CHECK	VAPOR
PARK	TRIMMED	SATINY
MORBID	FACE-PAINT	SLOUCHY
PARAMOUNT	GOTHIC	CULTURAL
MOTO	DETAIL	NOISES
POETIC	STRAIGHT	SNEAKERS

Puzzle # 2

FRIGHT	NOVEMBER	APPLE
CREATIVE	UNDEAD	SUGAR
OUTING	INTERLAY	COFFIN
BOND	LATTICE	COMPLEMENT
HALLOWEEN	CEILIDH	ELEGANT
COAT	SEASON	BRAVERY
BUCKLE	IMPECCABLE	INGREDIENT
SPORRAN	WAXED	OXFORDS

Puzzle # 3

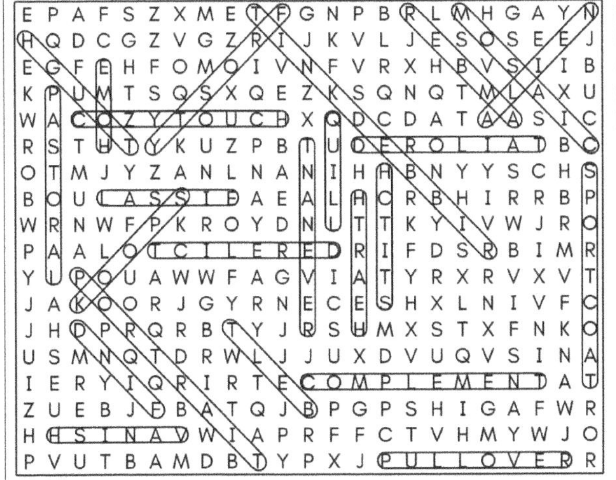

VANISH	ALIEN	QUILL
RIBBED-KNIT	REVENANT	HOME
PASTORAL	TOUGH	MOSAIC
AMBER	BELT	TAILORED
PORTRAIT	HEARTH	STITCH
COMPLEMENT	SPOOK	FROSTY
FIND	SPORTCOAT	DERELICT
LASSIE	PULLOVER	COZY-TOUCH

Puzzle # 4

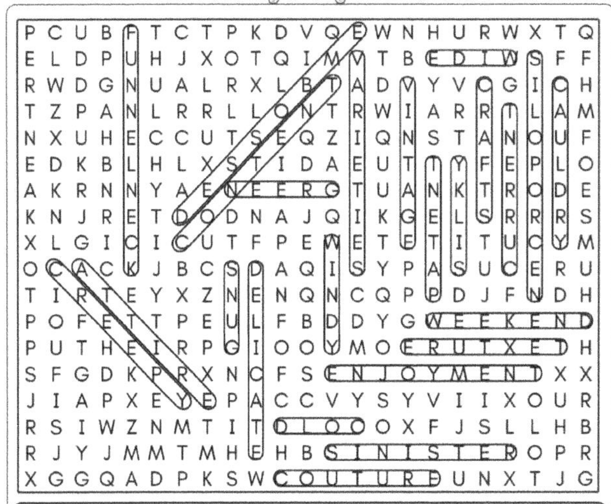

CAULDRY	GREEN	DELICATE
VARIETIES	CREEPY	ATTIRE
VINTAGE	CURRENT	SINISTER
CRAFTS	PATENT	COUTURE
NECROPOLIS	ENJOYMENT	SNUG
SILKY	CONTENT	WEEKEND
TEXTURE	EMBOSSED	WINDY
FUNNELNECK	WIDE	COLD

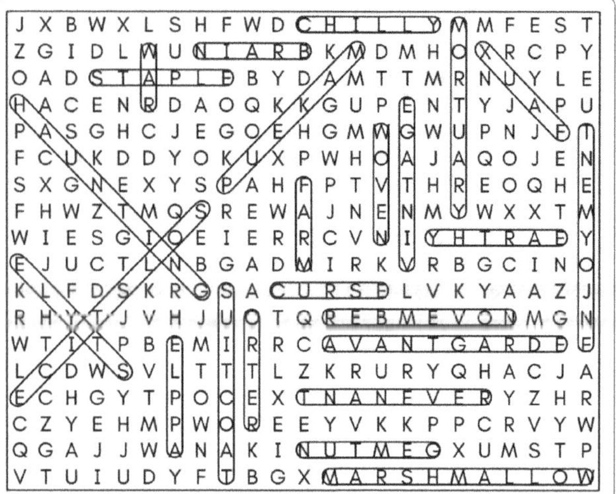

CURSE	MARSHMALLOW	ENJOYMENT
STYLE	REVENANT	STAPLE
BRAIN	HEIR?	MORTUARY
SOLSTICE	HAUNTING	WOVEN
NOVEMBER	FARM	FAUX
EARTHY	NUTMEG	APPLE
VINTAGE	AVANT-GARDE	CHILLY
MAKEUP	RAW	SUIT-COAT

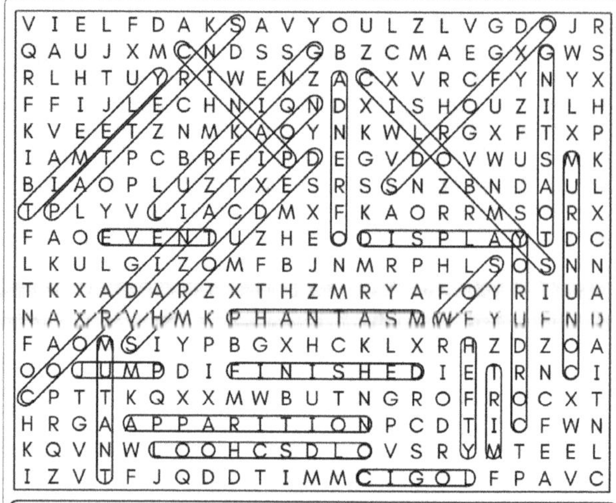

APPARITION	OFRENDA	LOGIC
COORDINATION	PHANTASM	TOASTING
CONUNDRUM	PATTERNS	PANIC
SYMBOLIC	SHROUDED	OLD-SCHOOL
LURKING	SOW	HEFTY
TIMELY	MUTANT	DISPLAY
FINISHED	CORDUROY	JUMP
EVENT	TRIM	OXFORDS

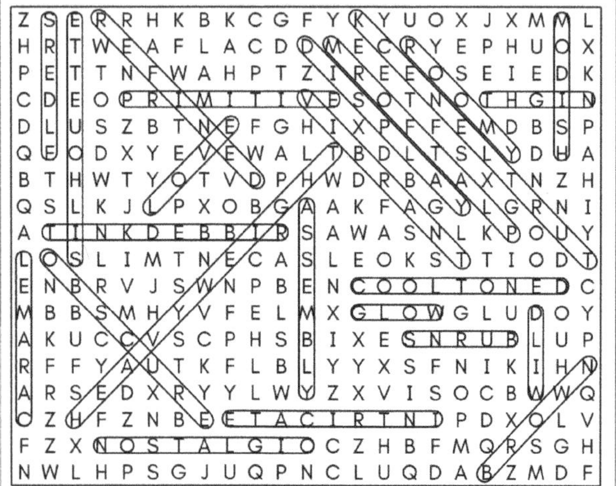

GLOW	ELDERS	RIBBED-KNIT
BROWN	LOVE	BURNS
COOL-TONED	REFINED	PRIMITIVE
DISPLAY	HEAVYWEIGHT	SILHOUETTE
WILD	OBSCURE	PLATFORM
ASSEMBLY	VIBRANT	TURTLENECK
MODISH	CARAMEL	NIGHT
INTRICATE	NOSTALGIC	ROOMY

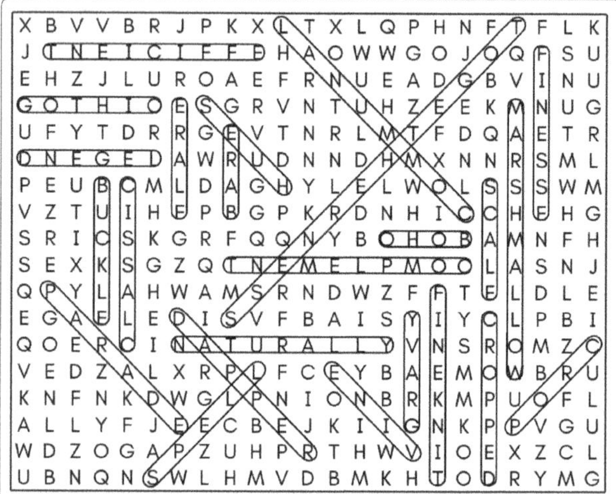

GOTHIC	GRAVY	CLASSIC
BUCKLE	VINE	TOGETHERNESS
FINE-KNIT	EFFICIENT	CROP
BARE	CROPPED	COMPLEMENT
SPELL	MARSHMALLOW	FLARE
NATURALLY	LEGEND	PARADE
BOHO	FINESSE	SCALE
COMMUNAL	HUES	DAPPER

Puzzle # 9

WEREWOLF	RAKE	DIGNITY
HARMONY	CREEPY	ALTAR
VERSATILE	UNCLUTTERED	STALK
GRINNING	SHEER	OUTWEAR
DECAY	ETCH	ZIP
HOUNDSTOOTH	SEPULCHRE	REJOICE
PRACTICAL	DEFAULT	HISTORY
LEGACY	CONTRAST	PARAMOUNT

Puzzle # 10

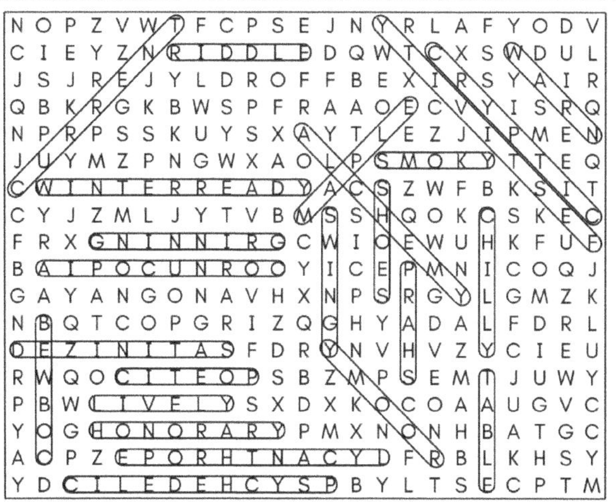

COBWEB	TABLE	LIVELY
HONORARY	LYCANTHROPE	MAPLE
POETIC	PSYCHEDELIC	CRYPTIC
CHILLY	RIDDLE	SATINIZED
ALCHEMY	WARN	WINTER-READY
SWINGY	SMOKY	GRINNING
SHARP	SHOES	CORNUCOPIA
FESTIVITY	CURRENT	ROOMY

Puzzle # 11

VAPOR	ROAST	SYMBOLIC
BOTTOM	SPECTRE	VOTE
ENSEMBLE	NOSTALGIC	EPITAPH
LEAF	V-NECK	KHAKI
EMBALM	SKELETAL	CASHMERE
LONG	FESTIVE	BARD
HAND-KNIT	BOXY	OCCULT
EPIC	INVESTMENT	HUED

Puzzle # 12

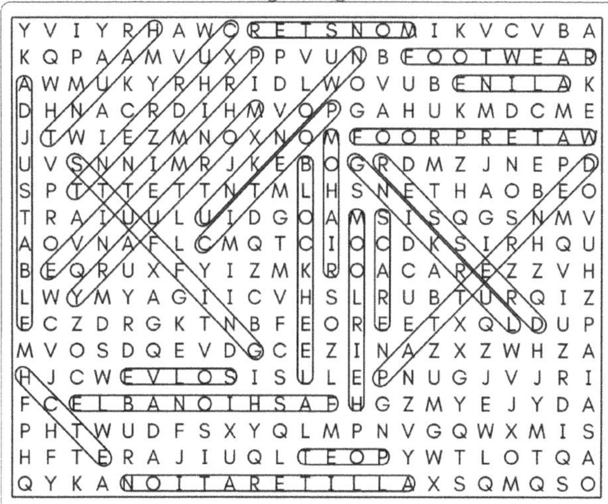

MONSTER	STUFFING	SOLVE
WATERPROOF	SCARE	PRIMITIVE
MOHAIR	ADJUSTABLE	HAUNT
ETCH	PATTERNED	CURRENT
MORTUARY	POET	FASHIONABLE
DRESSER	LURKING	ALLITERATION
HEIRLOOM	A-LINE	UNKNOWN
POETIC	BLOCK-HEEL	FOOTWEAR

Puzzle # 13

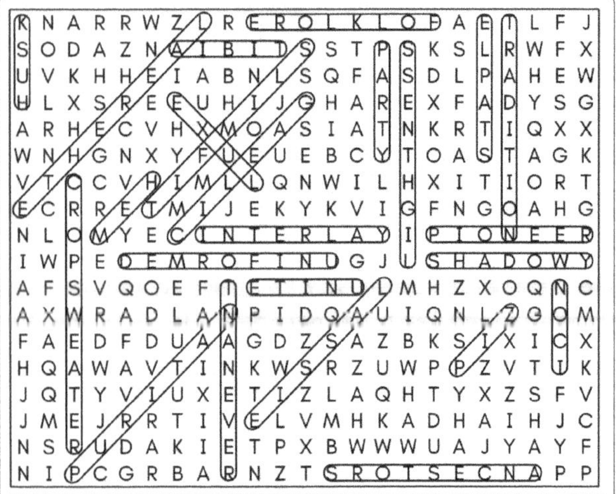

ETHEREAL	TIBIA	FOLKLORE
SLIM-FIT	REVENANT	UNITE
HUSK	HEM	TRADITION
LASSIE	PARTY	ZIP
PIONEER	GAELIC	SHADOWY
INTERLAY	PURITAN	ICON
CROPSWEATER	LIGHTNESS	ANCESTORS
STAPLE	LUXE	UNIFORMED

Puzzle # 14

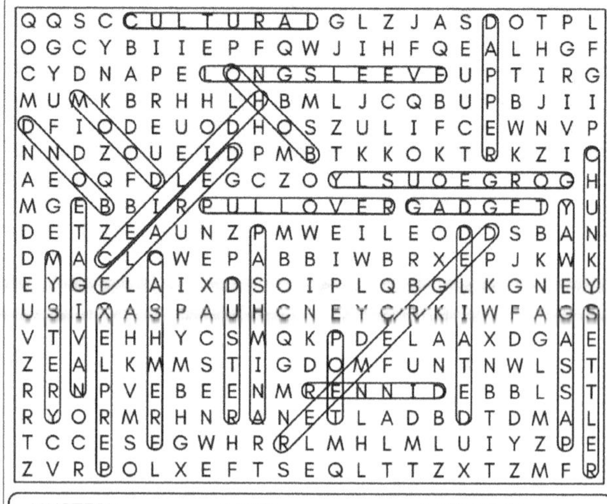

MYSTERY	BOND	CASHMERE
DUSTER	PASSAGEWAY	POET
FLARED	RETAILER	DINNER
CEILIDH	CHUNKY	REEMERGED
SETTLER	MOOD	GORGEOUSLY
GADGET	NAVIGATE	PERPLEX
PASHMINA	DAPPER	CULTURAL
PULLOVER	BOHO	LONG-SLEEVE

Puzzle # 15

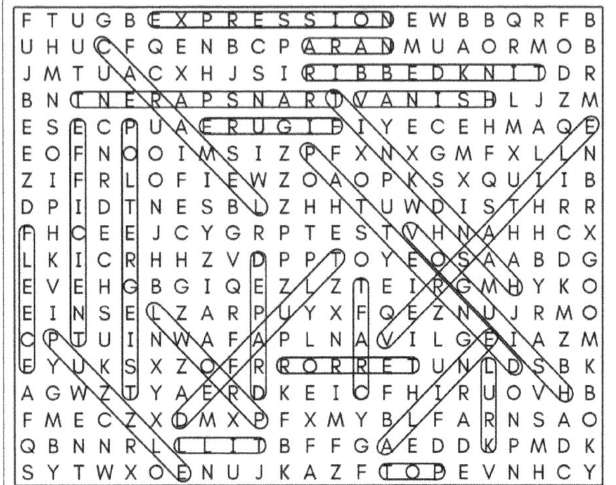

POLTERGEIST	EXPRESSION	ARAN
DEFAULT	TRANSPARENT	CRAFT
RIBBED-KNIT	A-LINE	VANISH
TILL	HAND-KNIT	VOGUISH
TERROR	PUZZLE	VERSATILE
CARAMEL	LURK	FLEECE
EFFICIENT	DRAPED	PROWL
PATTERNED	TOP	FIGURE

Puzzle # 16

MORTUARY	WALK	RIDE
MUTED	STEM	GUSTY
TREAT	TOUCHABLE	BEWITCH
FESTIVITY	PLUSH	TIMELY
OGRE	STREAMERS	INTRIGUED
HANDS-FREE	JOYFUL	EXPRESSION
ACCENT	ICONIC	FRIENDS
HIGHLAND	UNCLUTTERED	COZY-UP

Puzzle # 17

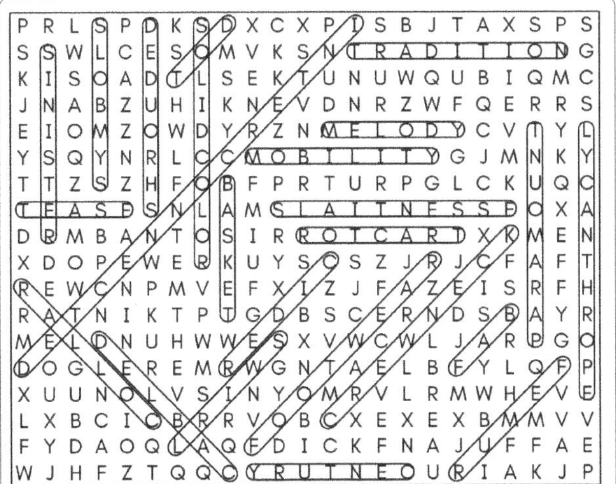

SINISTER	FEMUR	CREWNECK
INTERCONNECTED	LYCANTHROPE	MELODY
CABLED	MOBILITY	BASKET
SYMBOLS	COLLAR	CENTURY
SWIRL	TRACTOR	DOT
SOLID-COLOR	TRADITION	TEASE
ESSENTIALS	PARAMOUNT	CIDER
SHROUDED	FAB	FOOTWEAR

Puzzle # 18

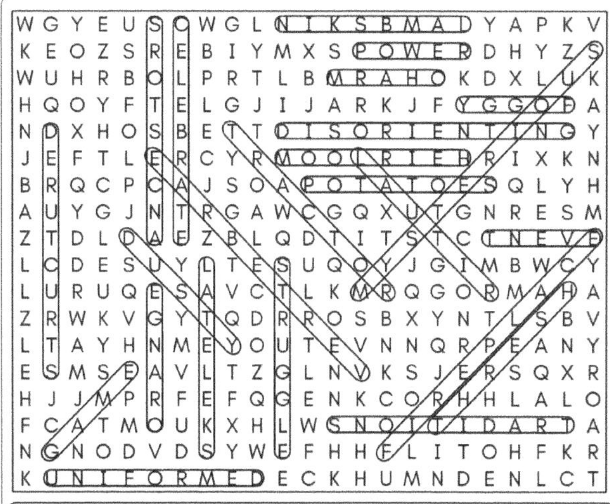

FOGGY	STRUGGLE	TRADITIONS
LAMBSKIN	MYSTERIOUS	ANCESTORS
THRESH	DUSTY	ORANGE
RITUAL	TRACTOR	HEIRLOOM
CHARM	VERTEBRAE	GAME
STRUCTURED	POTATOES	SKELETAL
EVENT	POWER	FIREPLACE
CELEBRATE	DISORIENTING	UNIFORMED

Puzzle # 19

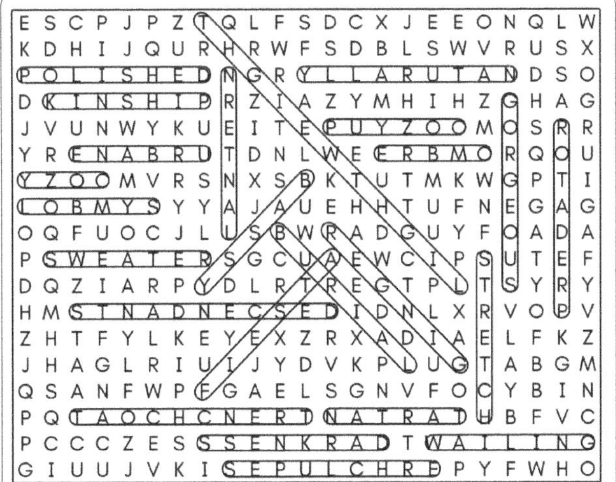

DARKNESS	COZY	TARTAN
NATURALLY	WAILING	SWEATER
SYMBOL	GORGEOUS	SEPULCHRE
GINGER	LIGHTWEIGHT	TRENCHCOAT
BURIAL	FIESTA	STRETCH
URBANE	LANTERN	DESCENDANTS
OMBRE	COZY-UP	PREDATOR
KINSHIP	POLISHED	BASSY

Puzzle # 20

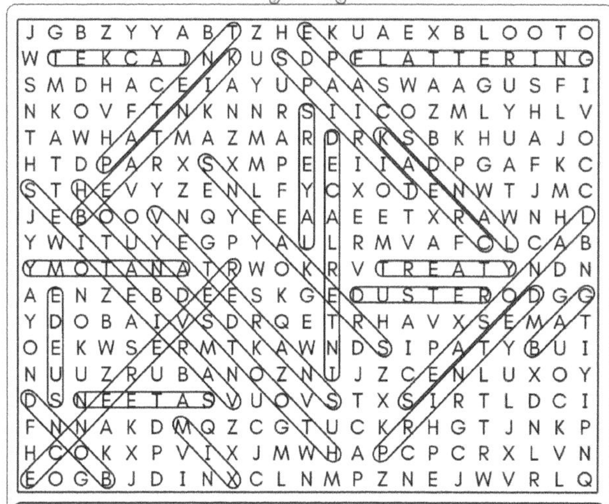

SPIRIT	REVERENCE	FLATTERING
INTERLACED	MIX	ANATOMY
PRINTED	DUSTER	CREAK
BOND	PATENT	BEATNIK
TREATY	SEASONAL	LAYERS
BAG	LANDSCAPE	JACKET
VARIETIES	SATEEN	VETERANS
SUEDE	HOUNDSTOOTH	SNEAKERS

Puzzle # 21

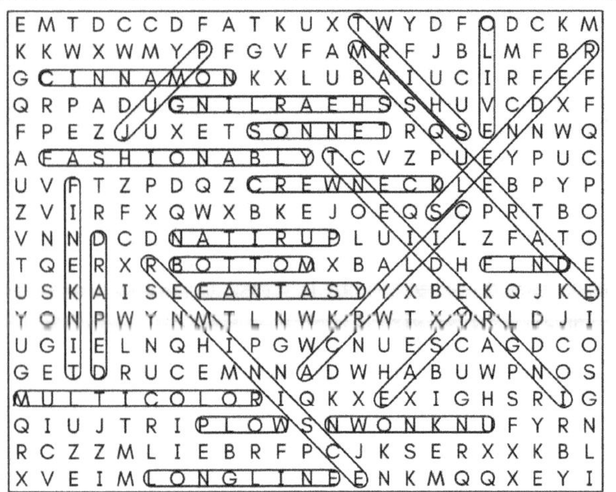

INGREDIENT	PLOW	FINE-KNIT
FASHIONABLY	UNKNOWN	MASQUERADE
CINNAMON	LONGLINE	PURITAN
FANTASY	BOTTOM	EASY
JUMP	FIND	MULTI-COLOR
SLENDER	REMINISCE	CREWNECK
OLIVE	DRAPED	SONNET
ACRYLIC	SHEARLING	SHIRT

Puzzle # 22

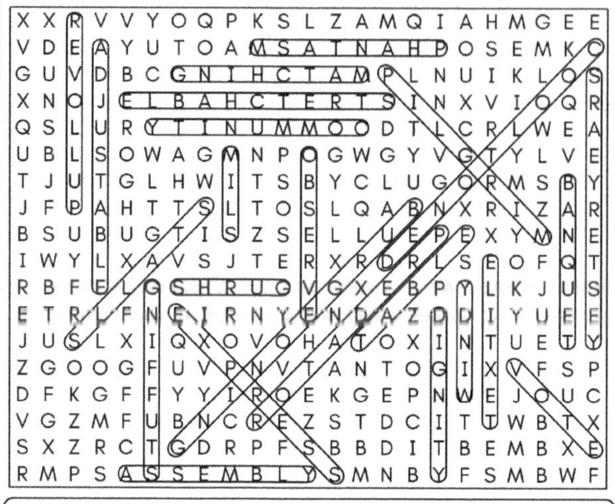

PHANTASM	WINDY	STALLS
MATCHING	PREDATOR	VOTE
COMMUNITY	ADJUSTABLE	STUFFING
OBSERVE	PULLOVER	SHRUG
PILGRIM	EXPRESS	STRETCHABLE
YESTERYEARS	BANQUET	DIGNITY
COOL-TONED	BURGEONING	TABLE
TEXTILE	SLIM	ASSEMBLY

Puzzle # 23

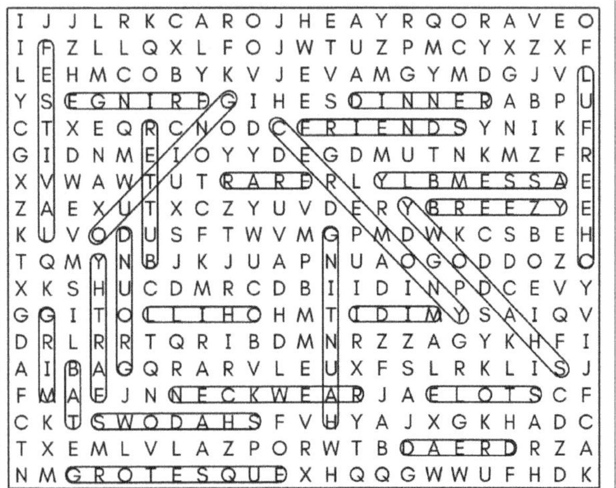

BAT	DINNER	HAUNTING
EARTHY	CHILL	FRIENDS
SHADOWY	GROUND	SHADOWS
BUTTER	BREEZY	RARE
DREAD	FESTIVAL	STOLE
ASSEMBLY	GROTESQUE	CEREMONY
FRINGE	MIDI	GRIM
OUTING	NECKWEAR	CHEERFUL

Puzzle # 24

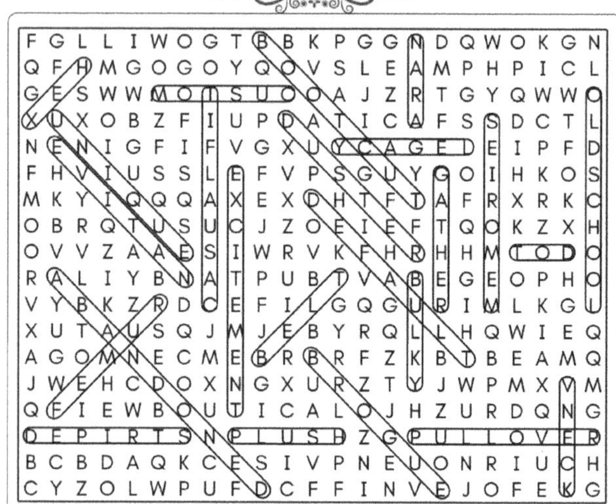

GATHER	MEMORIES	V-NECK
DOT	HEX	LEGACY
ARAN	UNIQUE	ABANDONED
CUSTOM	BULKY	DUSTER
NATIVE	BROGUE	PLUSH
DEFAULT	FEMUR	BELT
BOOTCUT	OLD-SCHOOL	EXCITEMENT
PULLOVER	STRIPED	CASUAL-FIT

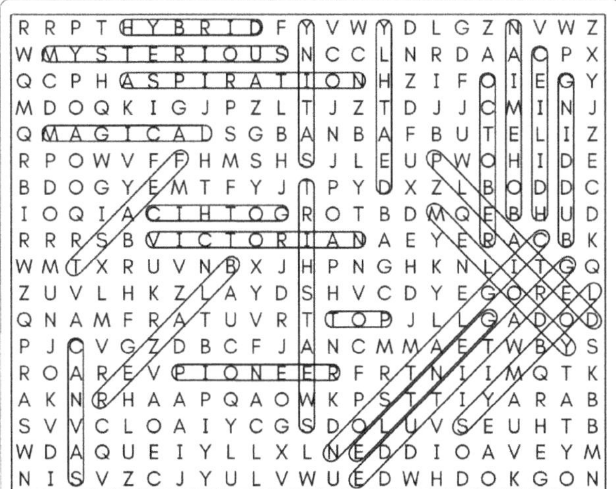

Puzzle # 25

MYSTERIOUS	GRATITUDE	SWEATSHIRT
BOHEMIAN	GOTHIC	PIONEER
BLAZER	VICTORIAN	DEATHLY
CEILIDH	TOP	ASPIRATION
MAGICAL	MELODY	BUDDING
GENTLE	HYBRID	SYMBOL
NOSTALGIC	PLEATED	FEAST
OCTOBER	SATINY	CANVAS

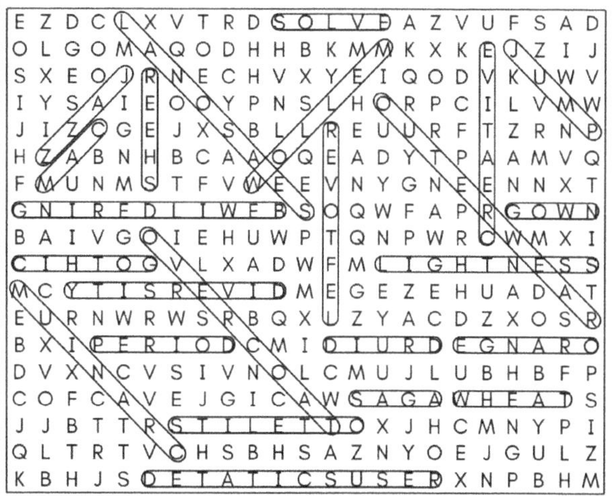

Puzzle # 26

GOTHIC	SAGA	OUTERWEAR
OVERCOAT	ORANGE	WHEAT
SHEER	DIVERSITY	LEFTOVER
SEASONAL	STILETTO	PERIOD
JUMP	GOWN	CREATIVE
JAZZ	CRANIUM	SOLVE
LIGHTNESS	RESUSCITATED	DRUID
BEWILDERING	MELLOW	MAC

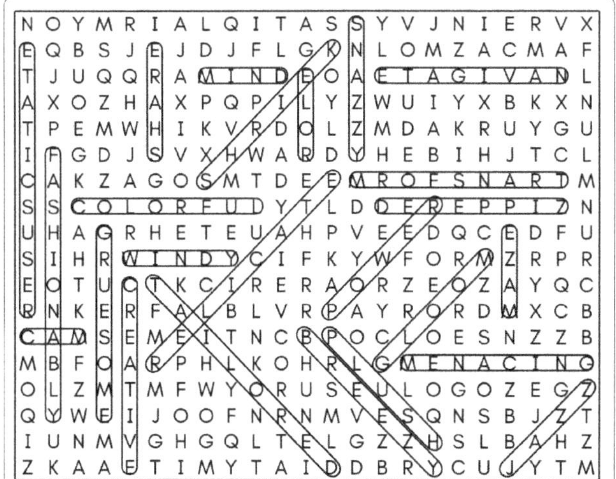

Puzzle # 27

GLOOM	WINDY	ZIPPERED
FASHIONABLY	SHRIEK	COLORFUL
BREEZY	RELICATE	MENACING
TRANSFORM	PLUSH	RESUSCITATE
GRUESOME	ROLE	TAILORED
JAZZ	SHARE	MAZE
SNAZZY	MAC	NAVIGATE
MIND	CREATIVE	POWER

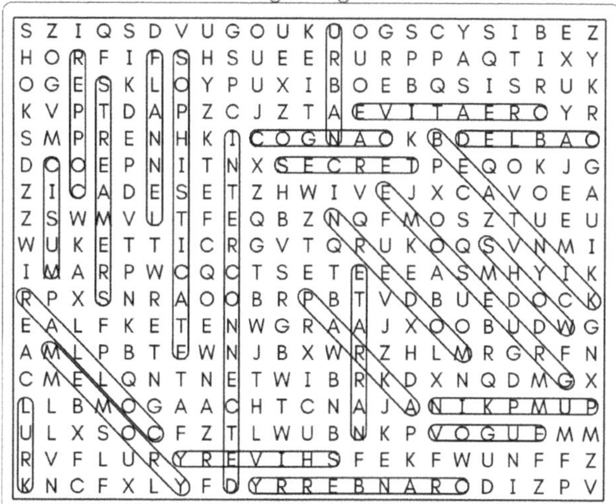

Puzzle # 28

SHIVERY	MEMORY	COLLAR
COGNAC	GRUESOME	MUSIC
VOGUE	COPPER	PUMPKIN
STREAMERS	CREATIVE	PARKA
SECRET	NARRATE	INTERCONNECTED
BEATNIK	LURK	SHOW
SOPHISTICATE	MODERN	CRANBERRY
CABLED	URBAN	FLANNEL

Puzzle # 29

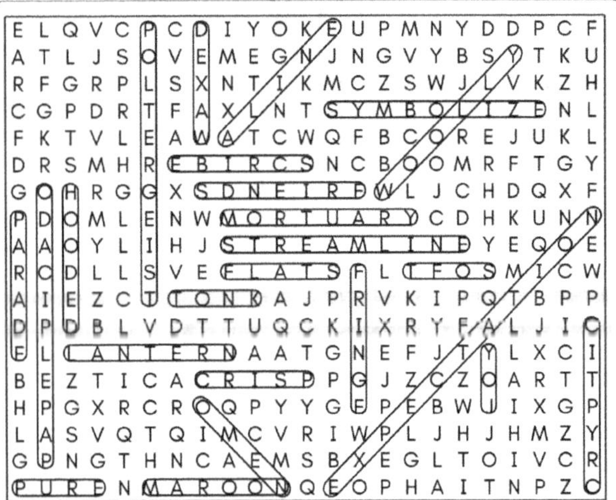

POLTERGEIST	CRISP	SOFT
MAROON	OMEN	PAPELPICADO
WOOLLY	PURE	CRYPTIC
PARADE	FRINGE	EXPECTATION
MORTUARY	SYMBOLIZE	KNOT
A-LINE	LANTERN	SCRIBE
WAXED	HOODED	FRIENDS
JOY	STREAMLINE	FLATS

Puzzle # 30

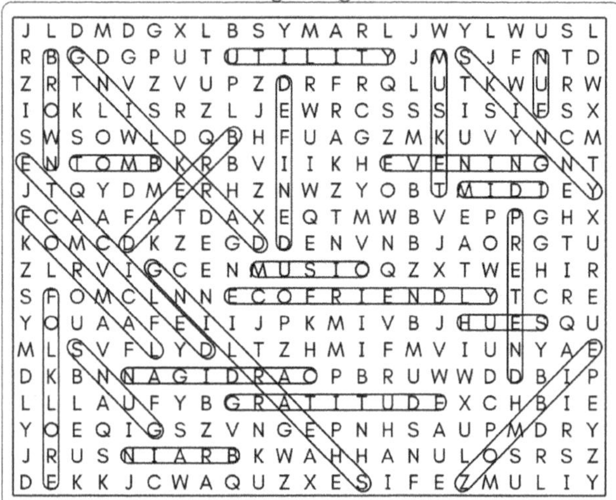

VANISH	TOAST	HUSK
COORDINATION	FRIGHTEN	BRANCH
WEEKEND	NEUTRAL	UNEARTH
CEMETERY	INFINITY	NATURAL
POTION	REMEMBRANCE	HEAVYWEIGHT
HIGH-WAIST	GRATITUDE	VERTEBRAE
NECKWEAR	FEMININE	CRANBERRY
FOLKLORE	GRUNGE	SHINE

Puzzle # 31

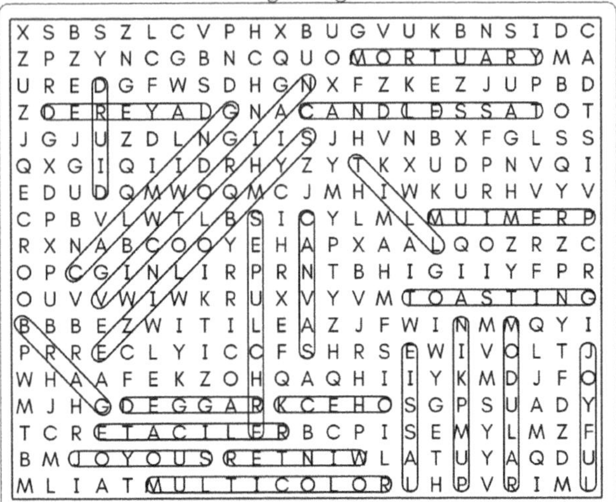

RAGGED	SYMBOLIZE	TILL
CHECK	SEPULCHRE	JOYOUS
LAYERED	CALMING	MORTUARY
LASSIE	WINTER	RELICATE
PUMPKIN	TOASTING	TASSEL
VICTORIAN	CANDLE	DRUID
MODULAR	PREMIUM	JOYFUL
GARB	MULTI-COLOR	CANVAS

Puzzle # 32

ZOMBIE	FUN	CARDIGAN
BROWN	TOMB	FOLKLORE
DELICATE	SHEARLING	GRATITUDE
FORMAL	ECO-FRIENDLY	UTILITY
BREAD	PRETEND	SKINNY
DEFINED	MUSKET	BRAIN
HUES	MIDI	MUSIC
DARKLING	SNUG	EVENING

Puzzle # 33

WAILING	COLONIAL	PATTERN
INTERLACED	WHISPER	MAYFLOWER
RURAL	KHAKI	OCCULT
HIBERNATE	TICKET	GROUND
BUMP	SPIRITS	PLAY
REISSUED	CHILLING	FACE-PAINT
PRINTED	TRENCHCOAT	FAMILY
MANDIBLE	CHUKKA	MODERN

Puzzle # 34

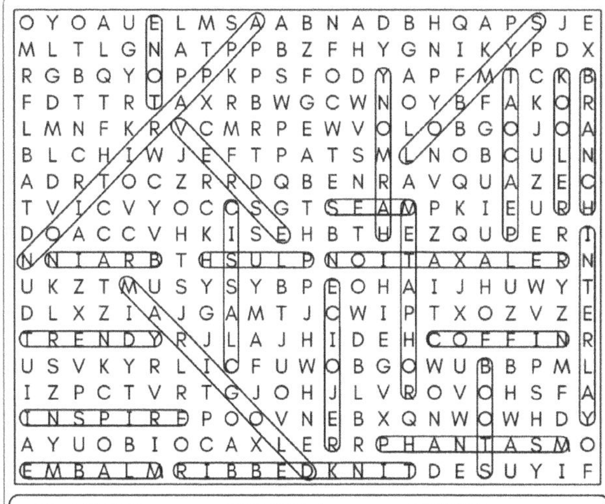

APPARITION	MARIGOLD	SYMBOL
PLUSH	PHANTASM	REJOICE
SEAM	RELAXATION	COFFIN
VERSE	BRAIN	HARMONY
EMBALM	INSPIRE	CLASSIC
INTERLAY	BRANCH	TONE
TRENDY	PEACOAT	BOOTS
METAPHOR	RIBBED-KNIT	RELOOK

Puzzle # 35

CHILL	SHARE	HIGHLAND
INTERLACED	SCARECROW	PECAN
FARMER	SUMMER	STALK
BLANKET	TAILOR	LIGHTNESS
FRIGHTEN	EXPRESSION	BREEZY
DIVERSITY	BREWMASTER	DESCENDANTS
FAUX	STRUCTURED	GARGANTUAN
PAST	PRACTICAL	PENCIL

Puzzle # 36

COBWEB	BUTTER	STAPLE
SUEDE	DARK	PLYMOUTH
BUNDLING	COMPLEMENT	MYSTERIOUS
JOINT	PARTY	NOSTALGIC
GRUESOME	EXPRESSION	ENJOYMENT
JAZZ	MOSAIC	LIVELY
CONFUSE	COLLECTED	ENCHANT
SCRIBE	DOWNY	CORDUROY

Puzzle # 37

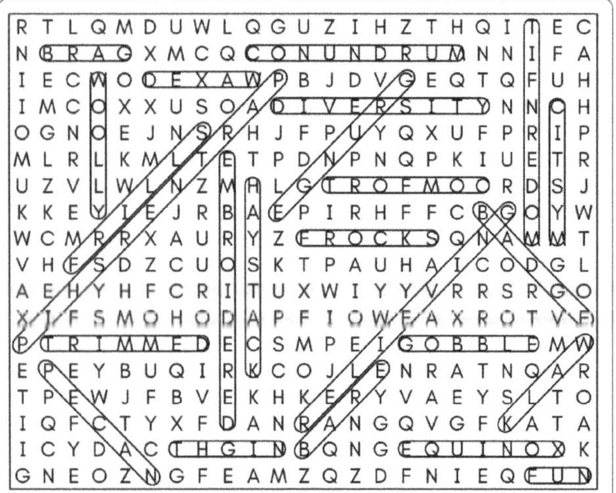

MYSTIC	FUN	TRIMMED
PARTNERSHIP	GOBBLE	EQUINOX
WOOLLY	MODERN-FIT	PECAN
GARB	EMBROIDERED	DIVERSITY
BARE	BADGE	COMFORT
FROCKS	WALK	HAYSTACK
WAXED	FRILLS	NIGHT
CONUNDRUM	GRUNGE	RELIEVING

Puzzle # 38

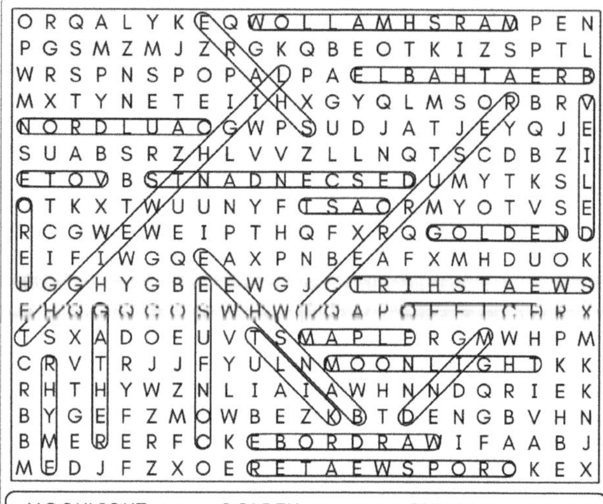

MOONLIGHT	GOLDEN	RHYME
CROPSWEATER	BANSHEE	MAPLE
HERO	LIGHTWEIGHT	GATHER
VOTE	MIND	BREATHABLE
CAULDRON	MARSHMALLOW	VEILED
WARDROBE	CAST	DESCENDANTS
CONFUSE	RESURRECT	SHARE
KILT	SWEATSHIRT	OFFICE

Puzzle # 39

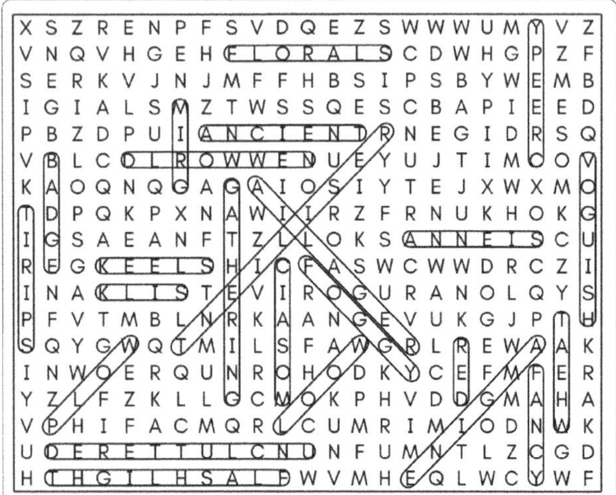

FOGGY	GATHERING	REGALIA
SILK	SPIRIT	NEWWORLD
WHEAT	FLORALS	CREEPY
RED	PLOW	UNCLUTTERED
GRIM	WOOL	FANCY
SIENNA	MOSAIC	ANCIENT
ENIGMA	RESILIENT	FLASHLIGHT
BADGE	SLEEK	VOGUISH

Puzzle # 40

SPOOKY	CORNUCOPIA	ODES
CASHMERE	BANSHEE	PIONEER
GARB	SLEEK	FIEND
ANATOMY	SOW	HIGH-HEEL
REVENANT	GRINNING	FIT
TEXTURE	SPINE	CUSTOM
SOLUTION	OLD-SCHOOL	TROLL
COMPOSE	SOLVE	BEATNIK

Puzzle # 41

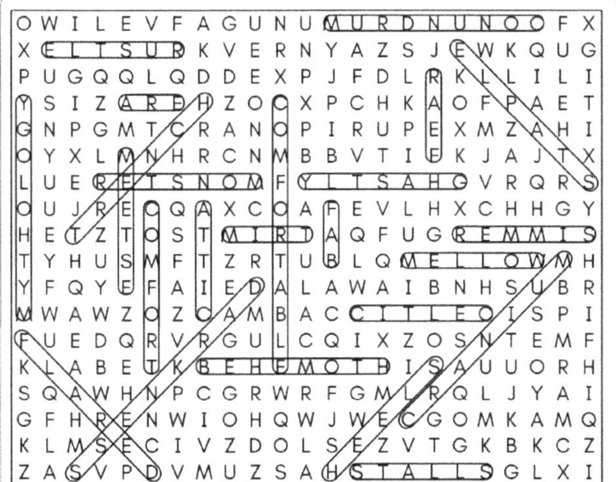

MONSTER	BEHEMOTH	MYTHOLOGY
TRIM	DARKNESS	RUSTLE
STALLS	COMFORT	GHASTLY
CRANIUM	CONUNDRUM	FAB
SIMMER	STAPLE	FLARED
MELLOW	ATTIC	ESTEEM
COMFORTABLE	ERA	FEAR
CELTIC	TRENCH	HEELS

Puzzle # 42

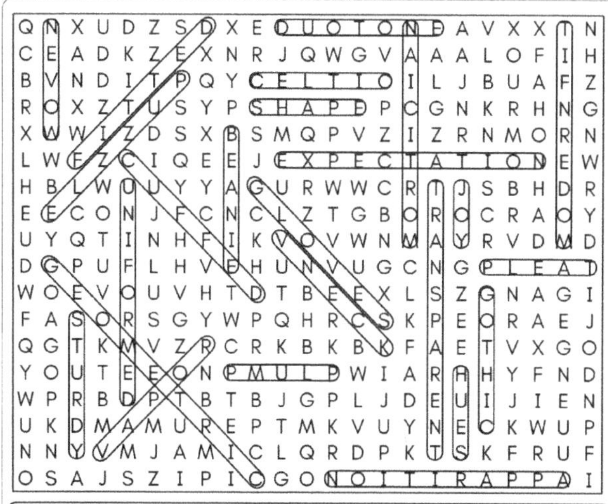

APPARITION	SHAPE	FITTED
WOVEN	TRANSPARENT	CELTIC
CUFFED	MODERN-FIT	VAPOR
PLEAT	STURDY	BEANIE
GOTHIC	JOY	GEOMETRIC
GLOVES	MORTICIAN	PUZZLE
HUES	UNIFORMED	PLUMP
V-NECK	DUO-TONE	EXPECTATION

Puzzle # 43

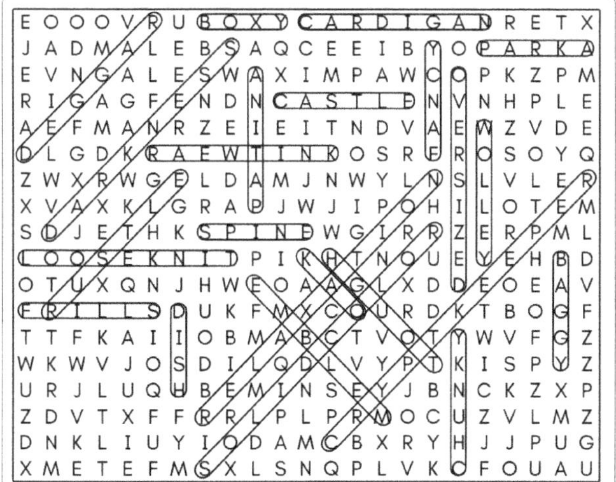

DARKNESS	YELLOW	CHUNKY
CASTLE	RAGGED	EMBLEM
OVERSIZED	PARKA	CRYPTKEEPER
DISH	LOOSE-KNIT	BOXY
SPINE	FANCY	TOUGH
SOLID-COLOR	OAK	CARDIGAN
PATINA	FRILLS	RUSTLE
KNITWEAR	RELAXATION	BAGGY

Puzzle # 44

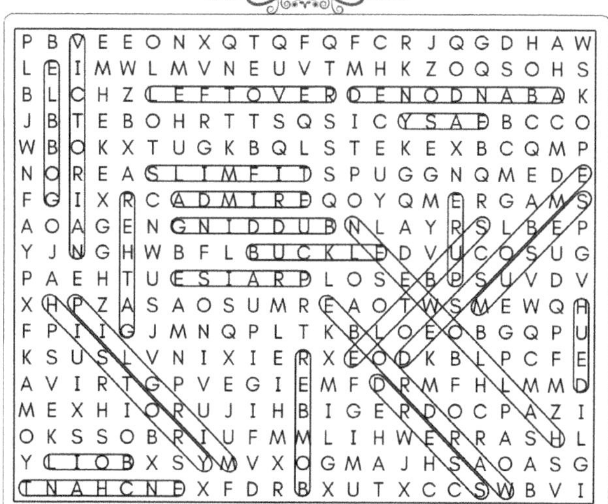

HALLOWEEN	LEFTOVER	DRESS
WARDROBE	GATHER	PILGRIM
BOMBER	VICTORIAN	ENCHANT
PRAISE	SLIM-FIT	PURE
BOIL	HISTORY	SUBTLE
EASY	ABANDONED	MUSES
BUCKLE	HUED	GOBBLE
ADMIRE	BUDDING	EMBOSSED

Puzzle # 45

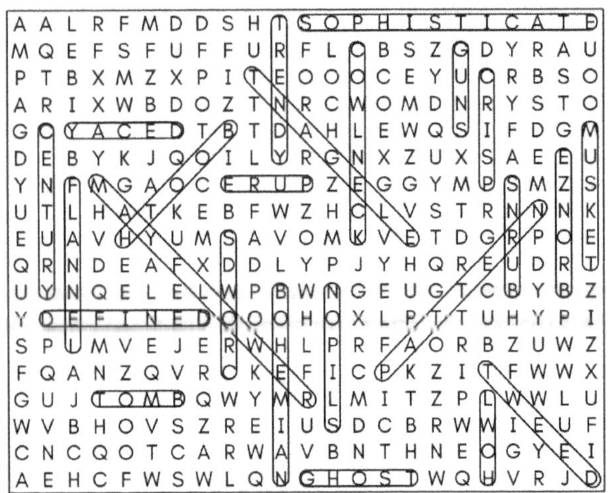

GHOST	CRISP	TWEED
BOHEMIAN	HOWL	CROWDS
ELEGANT	CENTURY	DECAY
BURNS	SLIP-ON	PURE
TOMB	PATTERN	SNUG
DEFINED	MAYFLOWER	BOOTH
SOPHISTICATE	FLANNEL	MUSKET
TRENDY	BRONZE	COWL-NECK

Puzzle # 46

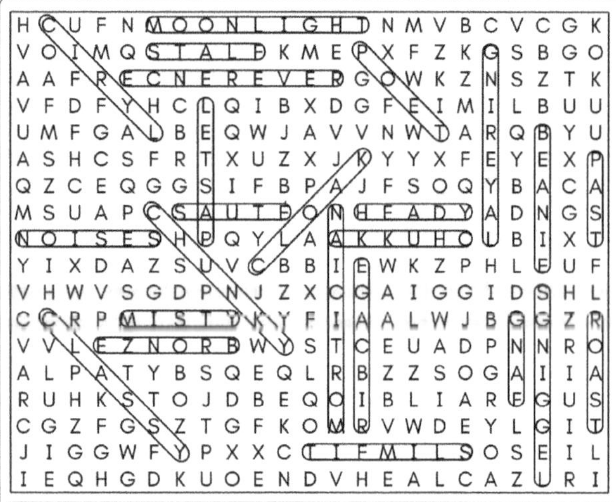

MOONLIGHT	ROAST	LYRIC
BRONZE	CLOAK	SAUTÉ
CHUNKY	HEADY	MISTY
REVERENCE	SLIM-FIT	BEANIE
MORTICIAN	RIBCAGE	PASTEL
CLASSY	NOISES	PAST
CHUKKA	LEGGINGS	FANG
POET	LAYERING	FLATS

Puzzle # 47

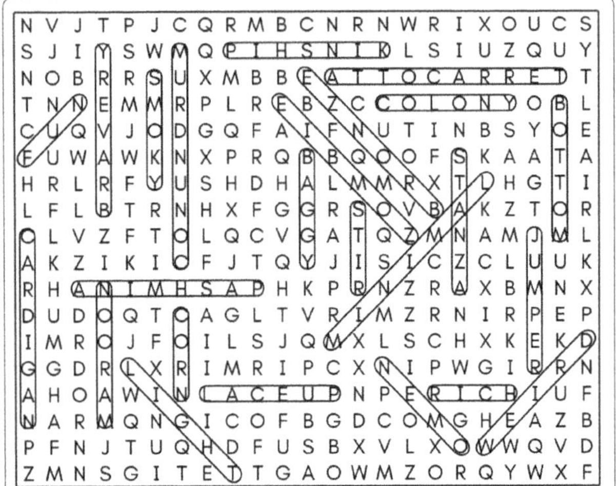

ZOMBIE	CORN	CARDIGAN
TERRACOTTA	OMEN	FUN
JUMPER	MAROON	WEIRD
KINSHIP	PASHMINA	BRONZE
STIR	STANZA	RICH
LIGHT	SMOKY	BRAVERY
LACE-UP	MINIMAL	COLONY
CONUNDRUM	BOTTOM	BAGGY

Puzzle # 48

BANSHEE	REMINISCE	LAYERABLE
TREND	NOISES	PLOW
CASCADE	BRONZE	COZY
RIDE	FLARE	ANORAK
ROAST	ACT	DISTRESSED
CRUSHED	BRANCH	PONCHO
STURDY	LUMBERJACK	STREAMERS
TRIMMED	CREATIVE	BAGGY

Puzzle # 49

MASK	FIREWORKS	PLUSH
FASHIONABLY	BLOODCURDLING	PRIZE
STREET-STYLE	BOHEMIAN	GUESTS
THEME	GRUNGE	STYLES
NOVEMBER	PUZZLE	BALANCE
BEATNIK	STANZA	LOGIC
LIGHTNESS	MADRAS	PRODUCE
GLOOMY	SIENNA	LONGLINE

Puzzle # 50

DREAD	JUMP	FARM
ACCENT	MORTICIAN	LIVELY
TREAT	GLOSSY	FIELD
LASSIE	FLARED	MODISH
CROP	HIGHLAND	LOOSE-KNIT
MODULATE	ALIEN	SYMBOL
VINTAGE	ELONGATED	FIREPLACE
MYTHOLOGY	TRIM	SOFTNESS

Puzzle # 51

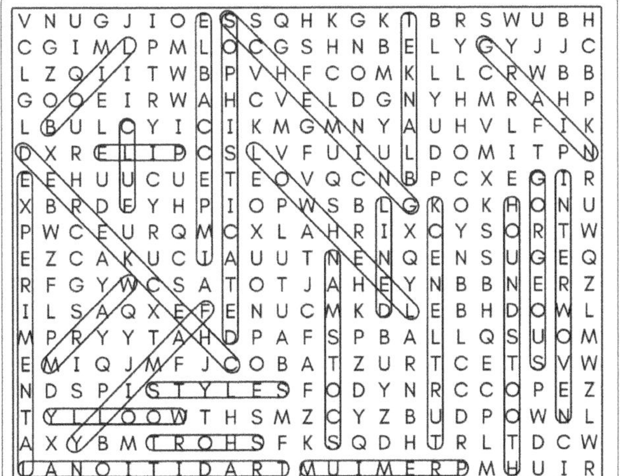

BOIL	GRAIN	SOPHISTICATED
SHORT	FAMILY	CLUE
LOW-HEEL	GORGEOUS	PILE
TURTLENECK	EXPERIMENTAL	STYLES
BLANKET	WARM	INTERWOVEN
PREMIUM	TRADITIONAL	WOOLLY
SCHEMING	IMPECCABLE	SCOTSMAN
LINED	HOUNDSTOOTH	CHECKERED

Puzzle # 52

VINE	SKELETAL	CHALLENGE
CURRENT	ALIEN	MELODY
CREWNECK	OLD-SCHOOL	PILGRIMAGE
BALLAD	PASTEL	RELIVED
OCEAN	GREEN	LATERAL
URBANE	WILDERNESS	REAP
ASSESS	FLOWING	CULTURE
RIDE	NATURALLY	ROOMY

Puzzle # 53

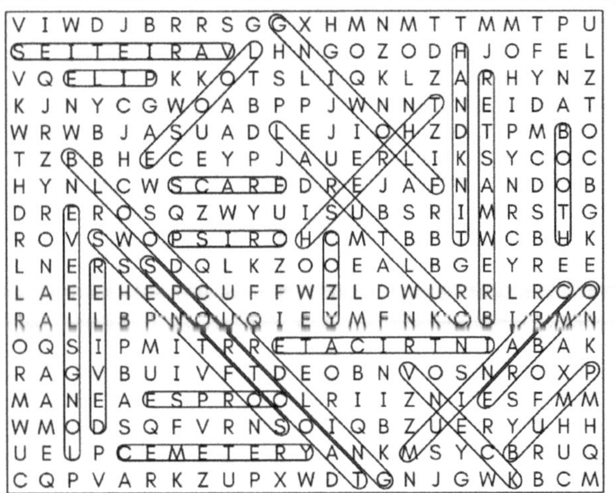

SCARE	CRISP	BOOTH
RELIVED	BLOODCURDLING	PILE
V-NECK	SPORTCOAT	CORPSE
CEMETERY	INTRICATE	FLOWING
BREWMASTER	CRANIUM	HAND-KNIT
SOFTNESS	BUMP	CULTURAL
OMBRE	LOOSE	COZY
THRESH	VARIETIES	LONG-SLEEVE

Puzzle # 54

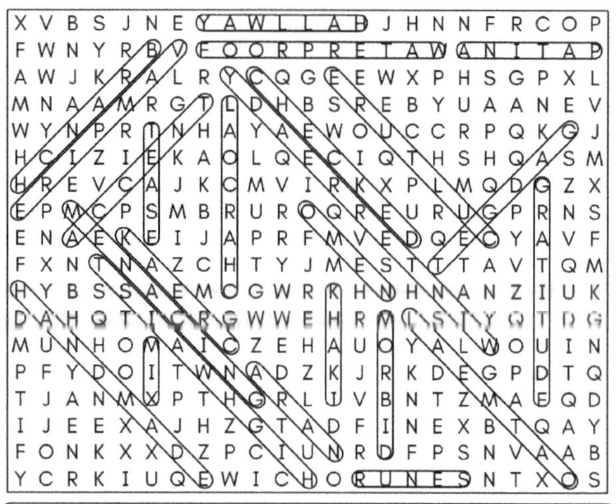

VAMPIRE	HALLWAY	TEASE
WATERPROOF	OMEN	GRATITUDE
HANDMADE	CHECKED	MORBID
BRANCH	WINTER-READY	KHAKI
MENACING	CULTURE	ARAN
CHARCOAL	MIX	OATMEAL
PATINA	GADGET	CREAK
RUNES	ACCENT	HIGH-WAIST

Puzzle # 55

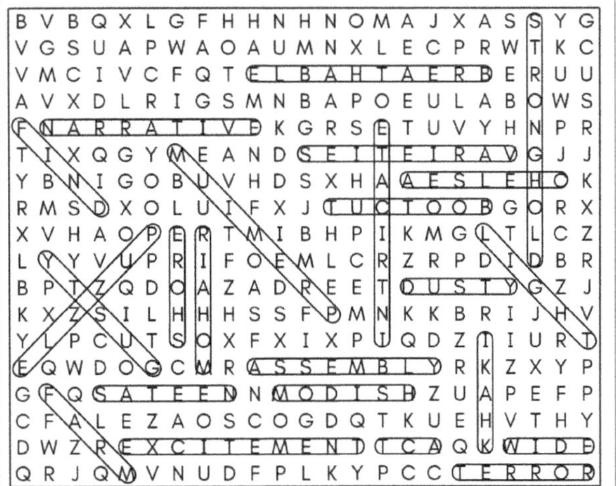

TERROR	FARM	BREATHABLE
VARIETIES	SHORE	ACT
DUSTY	KHAKI	GUSTY
PUZZLE	BOOTCUT	LIGHT
EXCITEMENT	FIND	CHELSEA
PREMIUM	NARRATIVE	MOHAIR
MODISH	ASSEMBLY	STRONGHOLD
INTRICATE	WIDE	SATEEN

Puzzle # 56

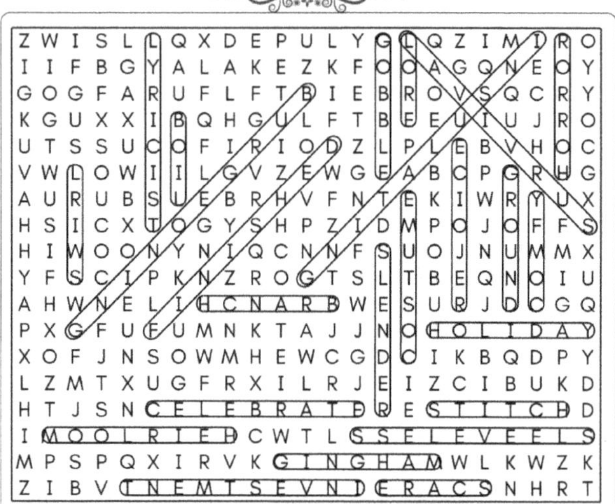

SCARE	BRANCH	LORE
FINISHED	HORROR	HOLIDAY
STITCH	GINGHAM	BOIL
COSTUME	SLEEVELESS	GROUND
SWIRL	CELEBRATE	COMFY
BURGEONING	GOBBLE	REJOICE
HEIRLOOM	INSULATING	SURVIVAL
LYRICIST	INVESTMENT	SLENDER

Puzzle # 57

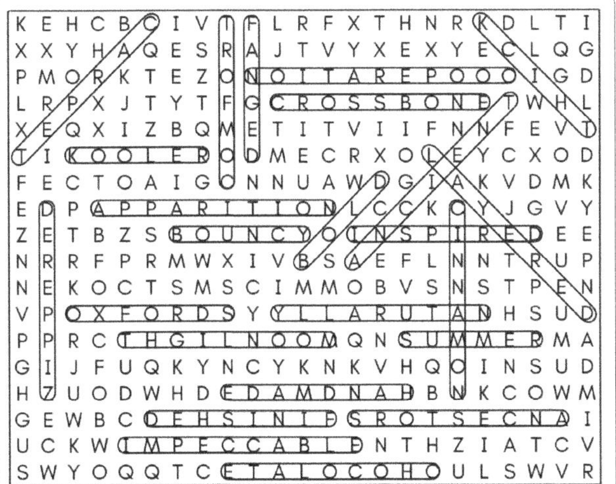

MOONLIGHT	CROSSBONE	CINNAMON
NATURALLY	APPARITION	ANCIENT
BOLD	INSPIRED	FANGED
ZIPPERED	FINISHED	RELOOK
COOPERATION	HANDMADE	COMFORT
IMPECCABLE	CARPET	LAYERED
SUMMER	BOUNCY	ANCESTORS
THICK	CHOCOLATE	OXFORDS

Puzzle # 58

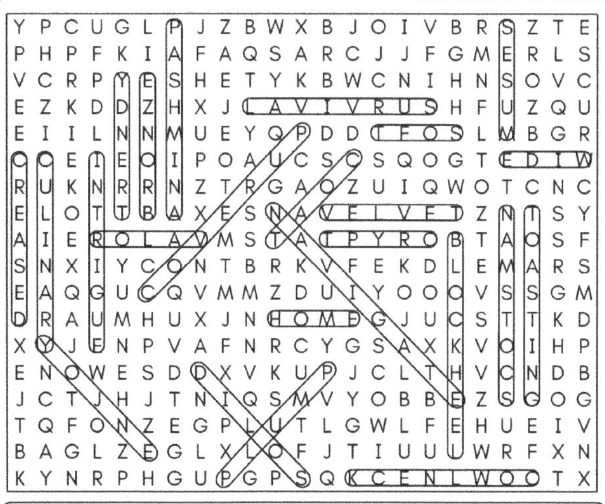

CRYPT	TOASTING	SOFT
BRONZE	PLUMP	MUSES
TRENDY	COAT	ENJOY
SCOTSMAN	PASHMINA	COVER-UP
HOME	CULINARY	SOLID
VELVET	NAVIGATE	VALOR
BLOCK-HEEL	CREASED	SURVIVAL
INTRIGUE	WIDE	COWL-NECK

Puzzle # 59

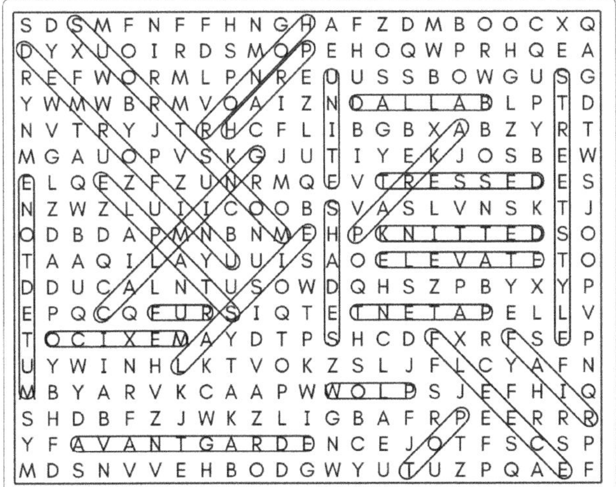

MONSTROUS	BALLAD	KNITTED
MUTED-TONE	DESSERT	STAPLE
FUR	SHADES	MEXICO
HARP	PATENT	CALMING
HONOR	PLOW	STREET-STYLE
PARKA	UNITE	FAIR
ELEVATE	AVANT-GARDE	LASSIE
FLEECE	TOP	UNIFORMED

Puzzle # 60

CRYPT	GOLDEN	MURKY
MODULAR	FRIGHTEN	ATLANTIC
SHADOWY	MERGING	MACABRE
SWEATER	DOWNY	SIMPLE
HEX	JOYOUS	BELTED
YESTERYEARS	MYTH	STAPLE
ZIP	FLAWLESS	ALIEN
STRONGHOLD	LOW-HEEL	DOWN

Puzzle # 61

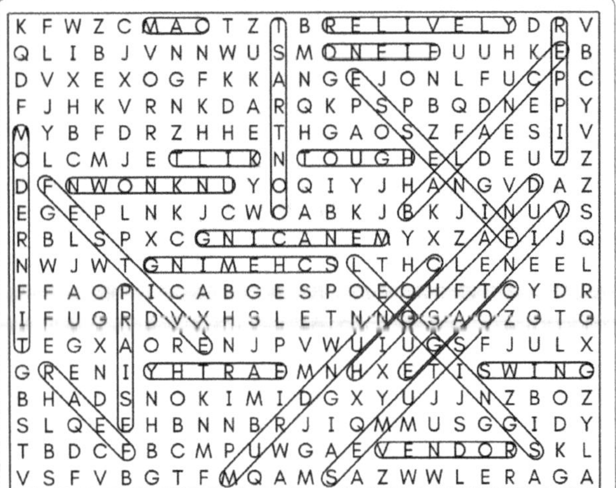

FIEND	COSTUMES	ZIPPER
EARTHY	MENACING	KILT
TOUGH	FINESSE	FESTIVE
HIGHLAND	BALANCE	RELIVELY
FEAR	VENDOR	CONTRAST
MAC	UNKNOWN	CONUNDRUM
SCHEMING	SWING	PRAISE
VINTAGE	MODERN-FIT	LEGGINGS

Puzzle # 62

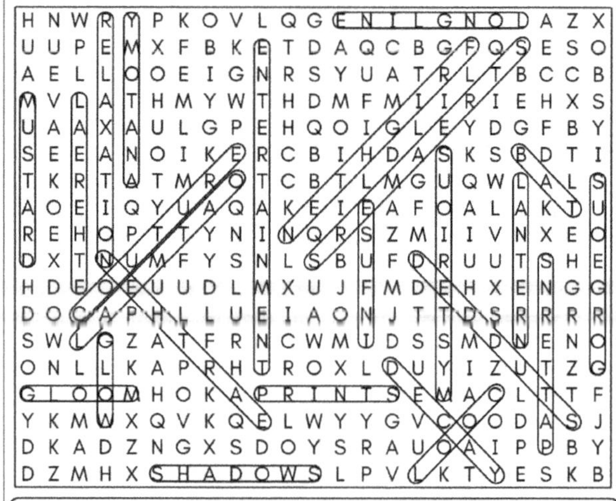

BAT	DECAY	OATMEAL
PATTERNS	ETHEREAL	LANTERN
ENTERTAINMENT	MUSTARD	GLOOM
GLOW	COOL	EARTHEN
SHADOWS	INFUSE	RELAXATION
GORGEOUS	FRIGHTEN	ANATOMY
STUDDED	COUTURE	MYSTERIOUS
STREAMERS	PRINTS	LONGLINE

Puzzle # 63

COBWEB	ELDERS	TIMELESS
COPPER	GRAVEYARD	DIGNITY
RICH	SILHOUETTE	OCCULT
TALE	ADORN	RESUSCITATE
PRIMAL	ENSEMBLE	COMPATIBLE
ULTRA-SOFT	PLYMOUTH	IDENTITY
NON-TONE	SUIT-COAT	PAPELPICADO
INSULATED	GRAY	MIDI

Puzzle # 64

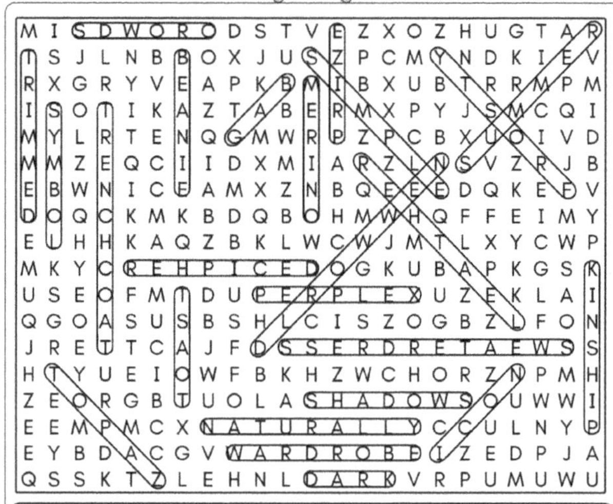

DARK	KINSHIP	MERINO
NATURALLY	SHADOWS	ICON
TRIMMED	SIMPLE	TOAST
SYMBOL	LEATHER	BEANIE
NEWWORLD	PRIZE	WARDROBE
TRENCHCOAT	FROSTY	DECIPHER
SUMMER	BAG	CROWDS
PERPLEX	TOPAZ	SWEATERDRESS

Puzzle # 65

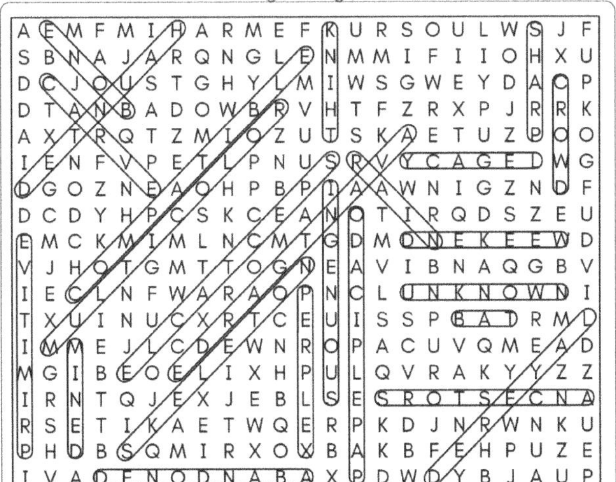

SKELETON	UNKNOWN	SPECTACLE
DENIM	HAUNTED	PRIMITIVE
THINK	COMPATIBLE	BAT
ANCESTORS	WEEKEND	MULTI-COLOR
BONE	PAPELPICADO	PERPLEX
RAIN	CARVE	LEGACY
LAYERED	INGENUOUS	ABANDONED
CROWD	SHARP	AVANT-GARDE

Puzzle # 66

PHANTOM	MEMORY	TRIMMED
SAND	TRANSPARENT	EXPRESSION
FLARED	ANORAK	FOG
POET	DUSTY	REEMERGED
SIMMER	WHISKY	HEIRLOOM
COORDINATED	TURKEY	SPORRAN
LOW-HEEL	FRILLS	BARE
SEEK	STYLE	TROUSERS

Puzzle # 67

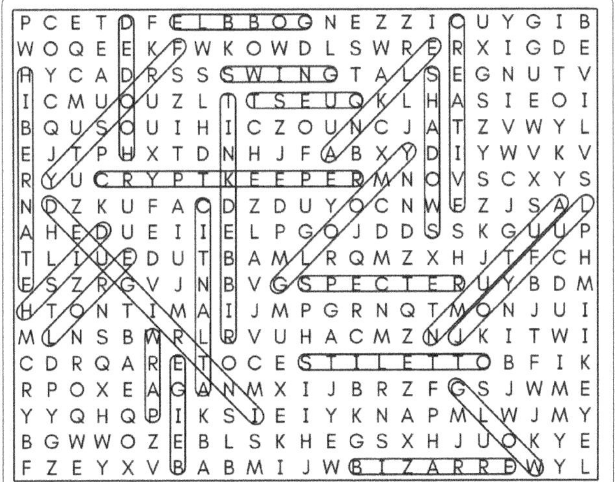

SPECTER	GOBBLE	DISH
ANKLE	SHADOWS	JOYFUL
LORE	STILETTO	CRYPTKEEPER
ATLANTIC	QUEST	CREATIVE
AUTUMN	WRAP	GLOOMY
BEIGE	GLOW	FROSTY
RIBBED-KNIT	SWING	BIZARRE
HIBERNATE	INTRIGUED	HOODED

Puzzle # 68

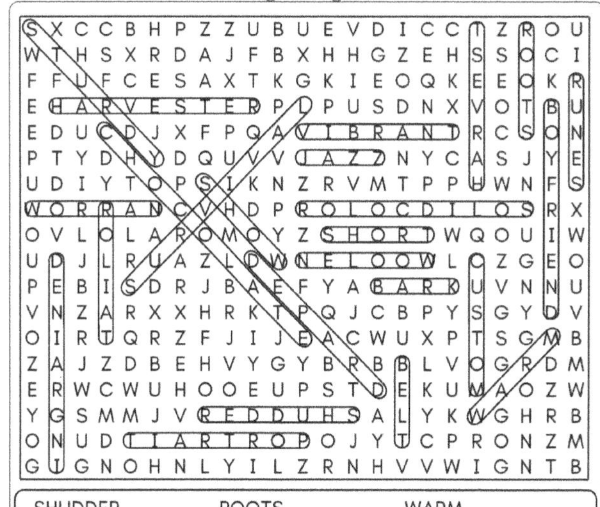

SHUDDER	ROOTS	WARM
BARK	HARVESTER	CUSTOM
WOOLEN	SHORT	HARVEST
RUNES	BOYFRIEND	JAZZ
PORTRAIT	BELT	STURDY
SOLID-COLOR	SURVIVAL	SHOW
NARROW	INGRAINED	VIBRANT
TAILOR	CHOCOLATE	DRAPED

Puzzle # 69

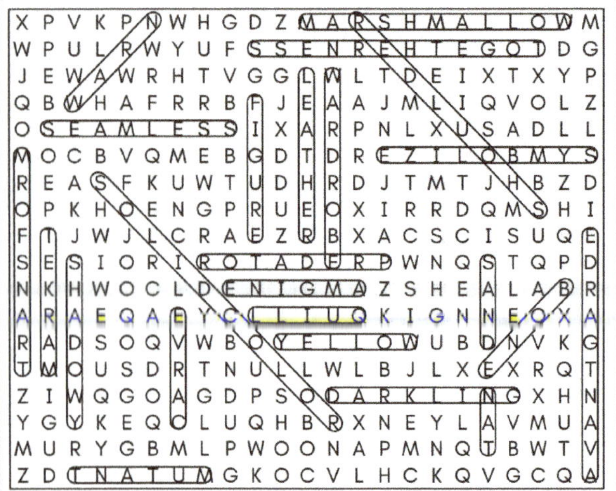

BONE	MARSHMALLOW	ENIGMA
WARDROBE	CARVE	WARN
DARKLING	IAN	PREDATOR
SYMBOLIZE	SHADOWY	SAND
MUTANT	QUILL	LEATHER
AVANT-GARDE	TOGETHERNESS	MARKET
SEAMLESS	SOLID-COLOR	YELLOW
TRANSFORM	SHOULDER	FIGURE

Puzzle # 70

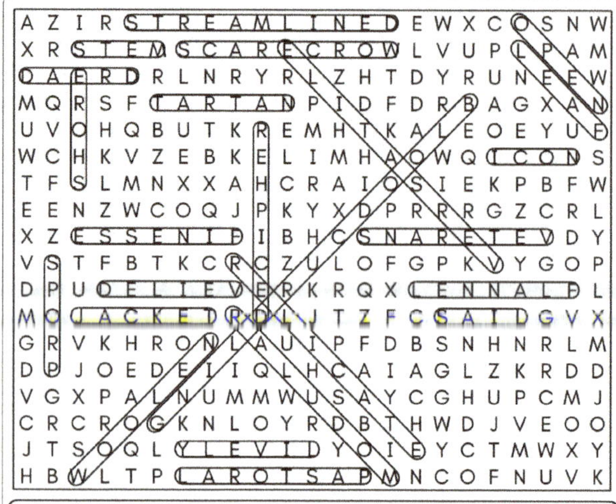

SCARECROW	VETERANS	PROPS
MODULAR	BLOODCURDLING	LEAF
DECIPHER	FINESSE	DREAD
LIVELY	VEILED	RELICATE
STEM	TARTAN	WOOLEN
OPEN	SHORE	PASTORAL
JACKET	FLANNEL	SAIL
ICON	VERSATILE	STREAMLINED

Puzzle # 71

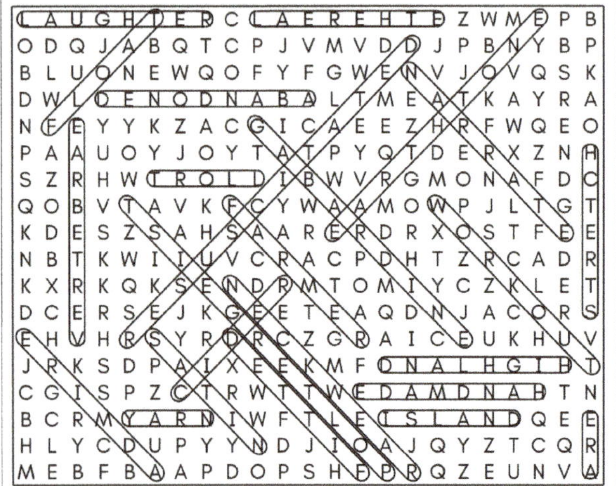

POLTERGEIST	CIDER	FARMER
NECKWEAR	ETHEREAL	VERTEBRAE
HANDMADE	ERA	FLOAT
NARRATE	FITTED	RESUSCITATED
ABANDONED	HIGHLAND	EARTH-TONE
GABARDINE	TROLL	ADMIRE
YARN	SATIN	LAUGHTER
ISLAND	STRETCH	WORKOUT

Puzzle # 72

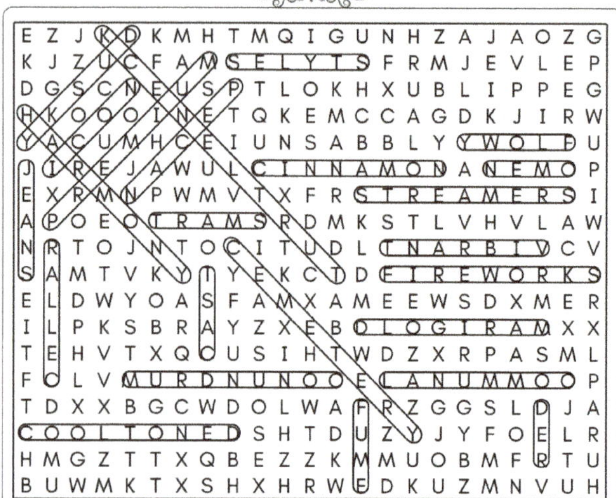

OMEN	MARIGOLD	FIREWORKS
JEANS	FUME	CEMETERY
CONUNDRUM	FLOWY	CAST
VIBRANT	DUSKY	SMART
CELLAR	STREAMERS	TURTLENECK
HARMONY	PECAN	COMMUNAL
CINNAMON	STYLES	RED
ICON	COOL-TONED	PREMIUM

Puzzle # 73

FRIGHTEN	ALTAR	INVESTMENT
SOPHISTICATE	TOMB	YIELD
HEM	MUSTARD	COFFIN
PERPLEX	COTTON	SHEARLING
BLEND	HAUNTING	STRIPED
REISSUED	COZY	JUMPER
FLOWY	EMBOSSED	APPRECIATE
QUILTED	SCHEMING	ROOMY

Puzzle # 74

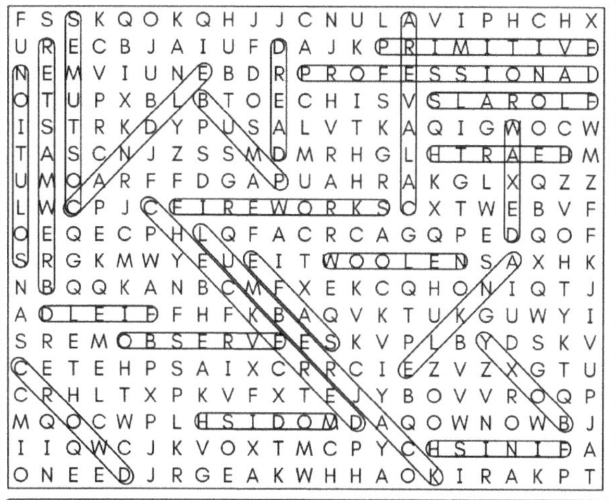

DREAD	HEARTH	SOLUTION
SAFE	FIELD	CALAVERA
WOOLEN	BOXY	CANDLE
COSTUMES	ANKLE	PROFESSIONAL
BREWMASTER	OBSERVE	FLORALS
FINISH	BUMP	FIREWORKS
WAXED	LUMBERJACK	PRIMITIVE
CROWD	MODISH	CHECKERED

Puzzle # 75

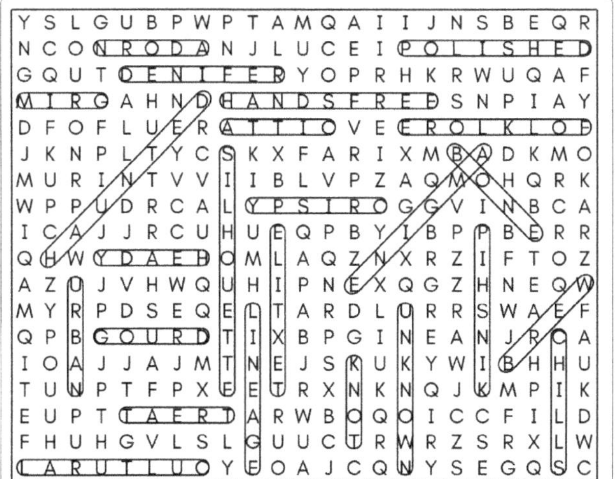

HAUNTED	ATTIC	FOLKLORE
POLISHED	CHILLS	UNKNOWN
TEXTILE	URBAN	GRIM
CRISPY	TREAT	REFINED
BONE	CULTURAL	ENIGMA
SILHOUETTE	GOURD	LINEAGE
ADORN	HEADY	BREW
KINSHIP	KNOT	HANDS-FREE

Puzzle # 76

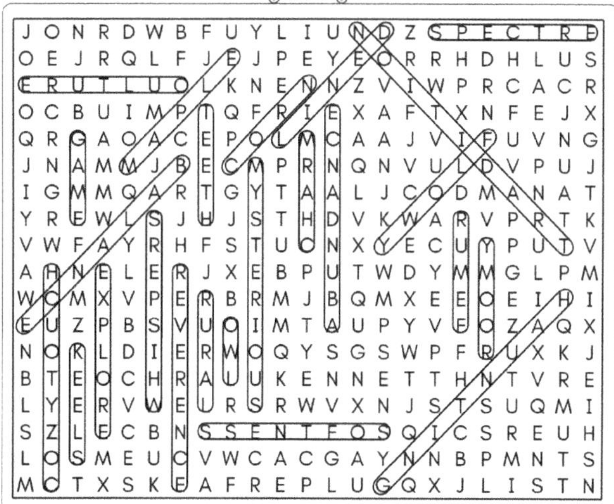

SPECTRE	TRADITION	TEETH
SLEEK	OWL	CORN
ABUNDANCE	FLOWY	MYSTERIOUS
MAPLE	RURAL	BALANCE
CHARM	CULTURE	GAME
SOFTNESS	WHISPERS	REVERENCE
HAUNTING	COZY-TOUCH	EXPLORE
FEMUR	LINED	ROOMY

Puzzle # 77

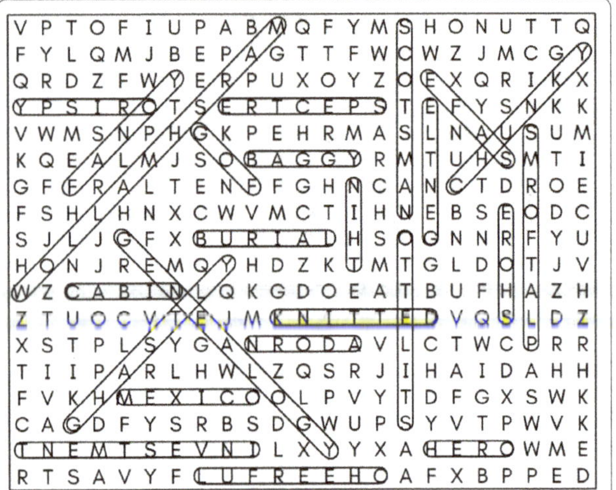

GHASTLY	CRISPY	FANCY
SAFE	FOG	MARSHMALLOW
CHUNKY	GENTLE	SPECTRE
MEXICO	INVESTMENT	CHEERFUL
BURIAL	GENEALOGY	KNITTED
BAGGY	SHORE	HERO
ADORN	THIN	CABIN
SCOTSMAN	STILETTO	PLATFORMS

Puzzle # 78

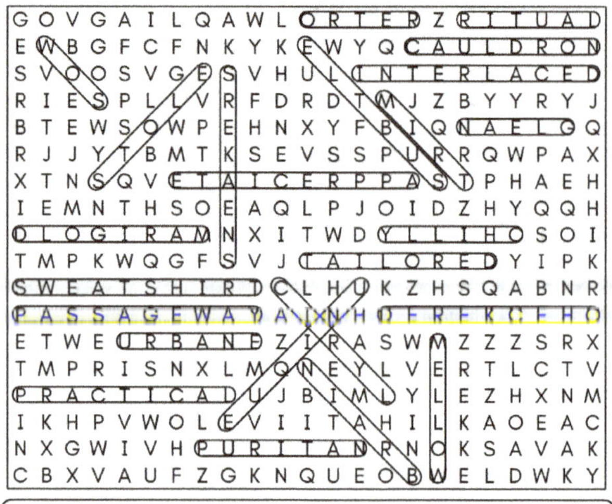

CAULDRON	RITUAL	SUBTLE
RETRO	PASSAGEWAY	LYRIC
TAILORED	INTERLACED	APPRECIATE
GLEAN	STOLE	MELLOW
PURITAN	SOW	TRIM
URBANE	CHILLY	BRAIN
PRACTICAL	CHECKERED	MARIGOLD
SWEATSHIRT	UNIQUE	SNEAKERS

Puzzle # 79

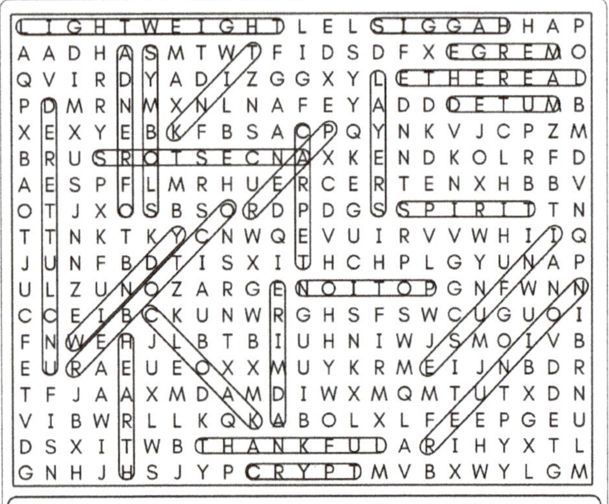

CLOAK	THANKFUL	ANCESTORS
KNIT	CRYPT	WINDY
HAGGIS	LIGHTWEIGHT	ETHEREAL
CARPET	ADMIRE	LAYERS
SPIRIT	REUNION	SYMBOLS
UNCLUTTERED	POTION	HEARTH
REAP	MERGE	INFUSE
OFRENDA	OCTOBER	MUTED

Puzzle # 80

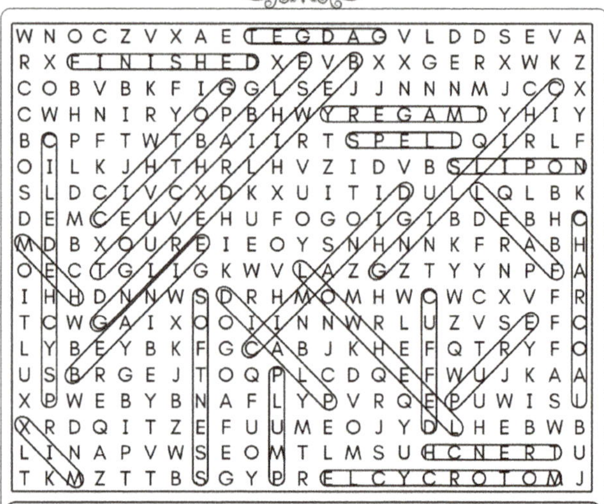

GOTHIC	IMAGERY	CUFFED
BEANIE	PLUMP	PLAID
HEM	PURE	SPELL
BEWILDERING	LOW-HEEL	TOUCHABLE
MIX	TRENCH	SLIP-ON
GADGET	CHILLING	MOTORCYCLE
CHARCOAL	DINAMIC	LEAF
FINISHED	PSYCHEDELIC	SOFTNESS